以爱为灯

林清玄 著

河北出版传媒集团
河北教育出版社

图书在版编目（CIP）数据

以爱为灯/林清玄著．—石家庄：河北教育出版社，2012.12（2023.4重印）
ISBN 978-7-5434-9897-6

Ⅰ．①以… Ⅱ．①林… Ⅲ．①故事－作品集－中国－当代 Ⅳ．①I247.8

中国版本图书馆CIP数据核字（2012）第300584号

冀图登字：03-2012-103

书　　名　以爱为灯
作　　者　林清玄
责任编辑　高群英
美术编辑　牛亚勋
装帧设计　所以设计馆

出　　版　河北出版传媒集团
　　　　　河北教育出版社　www.hbep.com
　　　　　（石家庄市联盟路705号　050061）
发　　行　北京启发世纪图书有限责任公司
印　　刷　盛通(廊坊)出版物印刷有限公司
开　　本　880毫米×1230毫米　1/32
印　　张　8.25
字　　数　97千字
印　　数　41 001～44 000
版　　次　2013年1月第1版
印　　次　2023年4月第9次印刷
书　　号　ISBN 978-7-5434-9897-6
定　　价　29.80元

目录

第二章 · 傻瓜与聪明人 /49

第三章·心灵的眼睛 /87

第四章·森林里迷路的人 /125

自　序

父亲切水果的时候，孩子站在一旁问道：

“爸爸，为什么苹果的种子这么少，木瓜的种子却这么多呢？”

父亲说：“种子的数量是由苹果妈妈和木瓜妈妈决定的，但是一个种子要长出多少水果，却是种子自己决定的。”

父亲取出种子，切好了水果，叫孩子过来看：“你看，这颗苹果的种子只有八粒，很容易算清楚，如果把这八粒种子埋入地里，总共会生出多少苹果，没有人能算得清楚。一粒苹果的种子是这么小，力量却是无限的，可以长出无限量的苹果。”

接着，父亲取了一粒木瓜的种子，叫孩子剥开：“你看看里面有什么？”

孩子剥开了木瓜的软囊，说：“爸爸，里面有一粒更小的黑子。”

“再剥开它，看看里面有什么？”

孩子用力剥开黑子，惊奇地说：“爸爸，里面是空的，什么也没有！”

父亲微笑地说：“孩子，一粒种子只有两种东西，一种是细微的不能感知的本质，决定它长成什么样子。一种是丰富而可以吸收的空性，虽不可见，却可以吸收一切好的事物，像阳光、空气、雨露……”

“什么是细微的不可感知的本质呢？”

父亲说：“例如你有一粒苦瓜的种子、一粒哈密瓜的种子，在同一个时间、种在同一块土地，一样的照顾，同时开花结果，苦瓜的种子会不会长出哈密瓜呢？”

“不会呀！爸爸！”

“所以，一粒种子有决定一切的本质，但是本质虽然不同，都可以经由培育，生出很好的果实，也可以不管它，让它长出不好的果实；就好像苦瓜有很好吃的苦瓜，哈密瓜也有很难吃的哈密瓜呀！”

“爸爸，那什么又是可以吸收的丰富空性呢？”

“哦！一粒种子本身并不会长大，它要不断吸收外面的营养才能长大。科学家曾经做过这样的研究，一粒种子种在花盆，一直到长成大树，花盆里的泥土并没有减少，也不会增加，可见种子是透过空性吸取能量，来长成大树的。种子的能量就是阳光、空气和水。孩子！你也是一样，要有阳光一样光明的心，呼吸美好生活的空气，吸收充沛的爱的泉源，心灵的树就会长大。只要树长得够大，就能不怕风雨、不怕寒冷，结出数不清的果实。”

坐在一旁的妈妈说：“快来吃这苹果和木瓜，有好的本质，又有好的能量，好吃极了。”

一家人于是坐在面向远山的露台，快快乐乐地吃着水果，并且把种子洒在泥土里，想象着翠绿的果树，长出数不清的果实。

今年春天，小女儿亮云出生，我在产房里，看着她浴着母亲的血来到这个世界，忍不住感动落泪，感恩上天厚爱，赐了一个美丽的小天使给我们。心里突然浮上泰戈尔的一句诗：“每一个小婴儿的诞生，都证明上帝还没有放弃我们。”正在小女儿诞生的时候，暂时寄住外婆家的小儿子亮语撞破额头，缝了七针，使我们心疼不已。

我想到，一个孩子来到这个世界，会有许许多多不同的遭遇，他会经历人生的快乐与痛苦、喜悦与悲伤、成功与失败、困境与突破……我们的孩子将来也会经历这些，但不论他会走什么样的人生之路，我总希望他可以永远葆有丰盈的爱、心灵的美，以及在每个历程里都能得到智慧的启发。

作为父母，我总希望在每天临睡前，能在孩子的枕边说一个有启示的故事，在安静的夜里，让他们有美好的心情睡去；在枕边，有深深的爱陪他们成长。

于是，我开始为孩子写一些寓言故事，写到后来就想：何不和天下的父母、孩子一起分享这些故事呢?

我希望能写三百六十五篇这样的故事，让孩子一整年的每天晚上，都能有一个有意义的故事，让孩子从小就听到更深、更远、更广大的，关于生命的消息。当然，这些故事不只是为小朋友写，也是为大人写的。

在写这些寓言故事时，我经常想到：“只有时间，才能证明一个作家的价值。”但愿这些作品能穿越权势、名利，通过更长时间的考验。

谈到故事，我以前在《打开心内的门窗》和《走向光明的所在》讲过不少好听的故事，这系列的寓言，可以看成是这两部书的延续，只是焦点更集中，完全以故事的形式来表达。

寓言的取材广泛，大部分是佛经的寓言和我自己的创作，也有一部分取材自苏菲派、犹太教和印度教的故事，这些取材自经典的故事，可以说早就通过时间的考验了。

“人生”是一个多么巨大的课题，“困境”又是如此无所不在，因此关于“人生的困境”议论并无实义，生动的寓言故事往往能令我们灵光一闪，闪过重重黑暗的隧道。

枕边阅读故事的美好时光，早就被泛滥、浅薄世俗的资讯所淹没了。

因此，我把这个系列献给那些为启发孩子而忧心的父母，也献给极需要更多心灵空间的小朋友。

我愿意驾着一叶小舟，在大海上航行，航过时间，并把体会和大家分享。

林清玄

一九九九年深秋

台北外双溪客寓

第一章 为爱歌唱

若常有撼动心灵的爱的歌唱，就能让我们走出人生的苦闷与悲情。

为爱歌唱

一只知了在黑暗的地下生活了十七年，又滚又爬地钻出了地面，它一步一步努力地爬上枝头，在树梢等待羽化。

这时候，它突然听见一阵动听的歌声，它心里想着："是谁唱出了这么动听的歌声呢？"等它羽化成蝉，第一件事就是循着动听的歌声飞去。

它看到了一只鸟，全身有着美丽的黄色，黄得像夕阳；嘴巴是淡红色，如夕阳边的晚霞；眼睛和头发是黑色，像逐渐掩至的暮色；有长长的翅膀和优雅的尾巴。

蝉就问那只鸟："你是谁呀？"

鸟说："我的名字叫黄莺。"

"你怎么能唱出那么动听的歌声呢？"蝉问。

"我是为爱而歌唱，因为有爱，我才唱出这么动听的歌声。

你知道吗？历史上有名的歌曲都是为爱而唱的，如果没有爱，就没有动人的歌。"黄莺说。

正在它们对答的时候，从远远的地方传来一阵更悦耳、更嘹亮的歌声。

蝉就向黄莺道别，去寻找那悦耳的歌声。它看到另外一只鸟，身体只有三寸长，声音却有三十丈高。羽毛是茶褐色，外表朴素，实在想象不出，它能唱出那么高远的歌声。

蝉就问那只鸟："你是谁呀？"

鸟说："我的名字叫云雀，那是因为我可以飞得像云那么高；我的声音比云还高，所以也有人叫我告天鸟；我可以学一百种鸟的声音唱歌，所以，也叫百灵鸟。"

蝉崇拜得不得了，问云雀："你怎么能唱出如此悦耳的歌声，比我刚刚遇到的黄莺唱得还好听呢！"

云雀说："我的歌唱和黄莺不同，黄莺唱的是流行歌，我唱的是百人的大歌剧。我的歌唱和黄莺唯一相同的是，我们都是为爱而歌唱。你知道吗？不管是单独的情歌，或百人的歌剧，要有感人的爱才会有动人的歌。"

当蝉和云雀说话的时候，突然听见来自森林最深的地方，一声清越高绝的长啸，划破了天空，"是谁？是谁？唱出了比云雀和黄莺更高的声音呢！"

蝉一边想着，一边飞向声音的来处，找了半天，才找到一只长得和自己一模一样的蝉，黑沉沉的，几乎没有任何美丽的华彩，"呀！原来蝉也可以唱出这么清绝的歌声！"

小蝉问老蝉："您怎么能唱出那么清脆无比的歌声呢？"

老蝉说："小伙子，我是为爱而歌唱！为我尚未谋面的爱人，为这片青翠的山林，为这一望无际的天空，我爱这一切！我在地下爬行了十七年，就是为了来唱充满爱的美好歌声，这世间所有美好的歌都是为爱而唱的。"

小蝉说："那么，我也能唱出一样的歌吗？"

老蝉说："当然，我教你，你的心中充满了爱，充满了像潮水一样的爱，马上要满溢出来，然后拉开喉咙，知——了——”

按照老蝉教的方法，小蝉拉开喉咙：“知——了——”

它的声音连自己都吓了一跳，于是，它不断地歌唱：“知了——知了——知了——”

小蝉那充满爱的歌声，穿过树林，弥漫了整个山谷。山谷里的黄莺、云雀和其他的蝉都和它一起合唱，山谷中充满着感情、喜悦、轻快的声音。

小蝉未来的伴侣则从森林的另一头，穿越歌声，凌空飞来。

我和妻子在台湾阳明山的小径散步，突然看见五只台湾蓝鹊在空中跳舞，并唱出优美的歌声。无意间看到濒临绝种的鸟，使我们惊喜不已，特别是蓝鹊的蓝是深湛的蓝，又长着美丽优雅的尾羽，真是好看极了，使我们在山径驻足观看，直到蓝鹊飞远了，才回过神来。

探询附近的人家，那五只蓝鹊是不是常来？

卖枫树的老先生说：“一共有十一只，好像是一家人，经常到这山谷游戏，总是在唱歌跳舞，然后就飞走了。”

为了纪念看见蓝鹊的一天，我们向老先生买了两棵枫树，秋枫虽不是蓝鹊，却一样有动人的美。

回到家，我一直想着老先生的那句话“总是在唱歌跳舞”，山间的台湾蓝鹊为什么总是在唱歌跳舞呢？

应该是为了爱吧！动物们都是为了猎食而奔行，为了地盘而争斗，只有为了爱，才唱歌跳舞。

静听秋蝉最后的鸣声，想到许多种类的蝉会在地下生活十七八年，爬出地面只能唱一两星期的歌，就觉得蝉声中充满珍贵的爱。

人生也应该如此，只有奔行和争斗，实在是太可怜了，若常有撼动心灵的爱的歌唱，就能让我们走出人生的苦闷与悲情。

这茶真好喝

有一位禅师生了重病，由于拖的时日很久，弟子们都以为师父将不久于人世。

禅师已经丧失了说话的能力，眼睛瞎了，身体也无法动弹，最后连听闻的能力也丧失了。

弟子们内心非常悲伤，默默地为师父准备着丧事。

但是非常奇怪的是，师父总也不死，一直保持一丝微弱的鼻息。

“师父为什么不死呢？是不是还有什么最后的启示？”

弟子们在背后讨论着，却找不到原因，最后才想到他们的大师兄早年在外面自立门户，虽然接到师父病危的消息，至今还没有赶回来，师父可能挂念着大师兄才不肯瞑目吧！

不久，大师兄从外地赶了回来，并且在病床边禀告师父。

师父还是不死！

这时候，大师兄一言不发地走出寺院，下山到市场去了。

弟子都感到疑惑：“师父病况如此危急，大师兄怎么还要去市场呢？万一在这个空档，师父死了怎么办？”

市场的人也议论纷纷。他们都认得那是禅师的大弟子，师父随时都会死去，他不在寺院里守着，跑到市场来干什么呢？

原来，大师兄是到市场找一种茶，那种茶是早年他和师父常喝的茶，他自从离开师父之后没有再喝过，听说在他离开之后，师父也没有再喝过。那虽是平常的茶，对师父应该有不凡的意义。

好不容易找到那种茶，大师兄便立刻赶回寺院。

幸好，师父还没有死！

大师兄在师父身旁泡茶，茶香流动在师父的禅房中，师父突然咳出哽在喉咙里的一口浓痰。

大师兄把茶端到师父面前，温柔地将师父扶起，喂师父喝完那碗茶。

师父说："这茶真好喝！有茶喝真好！"

对于常年无法说话的禅师，突然说出这两句话，弟子们都欣喜若狂，以为师父将会有什么最后的开示。

没有想到师父说完这两句话，头一偏，竟然死了。

大师兄把壶中的余茶分给师弟们喝，说："这茶真好喝！有茶喝真好呀！"

有一个哲学家做了一个梦。

他梦见自己在路上看见两扇门：一扇门直接通往"爱和天堂"；另一扇门通往一个大厅，那里正在进行一场演讲，讲题是"爱和天堂"。

哲学家没有丝毫的迟疑，他打开第二扇门，冲进去听演讲。

这是一个意味深长的笑话。在我们的人生里，我们总是在寻找更大的启示、更多的意义、更伟大的见解，而忽略了生活、忽略了体验、忽略了内心的感觉。

好好地品味一杯茶，这看起来是无关重要的，但是如果一个人连一杯茶的美都不能有所觉察，如何觉察更高的境界呢？在喝一杯茶时没有醒悟的心，对师父的教化又怎能醒悟呢？

我希望不必絮絮叨叨地听人介绍一杯茶的好坏，而是直接去喝那杯茶。

我希望打开第一扇门，直接去体会爱，去看见美，在天堂里生活。

露珠与荷叶

小荷叶从根里长出来，张开叶片，第一个使它困惑的是，它的胸前有一颗晶莹的露珠。

小荷叶就问："你是谁呢？怎么会来到我的胸前？"

露珠说："我叫露珠，是夜里水汽的凝结，偶然留在你的身上，我马上就要走了。"

"你为什么要走呢？"

"哦！我也不想走，但是待会儿太阳出来，我就会化成水汽，飞到天上去了。"

正当小露珠说话时，阳光来到了荷花池，一眨眼就把小露珠化为水汽，飞走了。

荷叶感到孤单，四处寻找小露珠的踪影，不论它多么努力，再也看不到小露珠。

第二天清晨，小荷叶张开眼睛，看见了小露珠，开心地大叫起来："嘿，小露珠，你又来了，我很想念你呢！"

小露珠讶异地说："不会呀！我又不认识你，我是今天才从昨夜的水汽生出来的，偶然留在你的身上，你别认错了。"

小露珠滚动着身体，阳光照在它的身上，映出一些美丽的彩虹，一转眼就消失了。

小荷叶感到非常迷惑，因为眼前的露珠和昨天的露珠，长相一样，名字也一样，映出的彩虹一样，连化去的时间都一样，为什么小露珠不肯承认它是昨天的露珠呢？

日子一天天过去，小荷叶变成大荷叶，每天清晨，总有一颗晶莹剔透、一模一样的露珠来拜访。奇怪的是，没有一颗露珠承认自己是昨天的露珠，更别说承认自己是“最初的露珠”了。

荷叶长大了、变老了，它一直知道自己是当初的那片荷叶，也记得第一次看见露珠的情景，它心里既伤心又迷惑：“为什么我总是原来的我，露珠却永远不是昨天的露珠呢？”

有一天，荷叶终于枯萎了，内心怀着巨大的伤心和迷惑，沉入荷花池里。

有时候，会有人问我轮回的问题，感到轮回是一个可怕的观念。

我说，不必想到前世与来生的轮回，光是想想这辈子的轮回就很可怕了。我们每天在固定的时间起床，吃几乎相同的早餐，然后去上班，做差不多一样的工作。下班坐同一班公车回家，吃总是口味类似的晚餐。然后看一样血腥的新闻、同样无聊的电视剧，上床在同一个位置睡去。第二天，又在固定的时间起床……

这是多么可怕的轮回呀！这也正是大部分人的一生，就像坏了的唱片，永远唱着同样的一个段落！

总以为今天的露珠是昨天的露珠！

其实，每一片荷叶上的露珠都是全新的，正如每一天、每一个片刻都是全新的。只要有全新的感觉、全新的融入、全新的知见、全新的创造，每一个偶然凝结的露珠里面，都透着晶莹，都有彩虹的七彩。

我希望每天都是全新的、全然的、流动的，充满美好期待地迎接偶然的露珠和第一道阳光。

茶花、芒花与枫树

秋天的时候，整座山好像穿了彩衣，有着各种颜色，特别是从空中俯看，颜色参差却不零乱，一层一层，一座山好像一座彩虹的塔。

“真是美极了。”飞过去的鸟，放缓了翅膀赞叹地说。

“在四季里，还是秋天最美呀！”路过的蝴蝶和蜜蜂歌颂地说。它们实在禁不起这种美的诱惑，在山的各处拈花惹草，这里溜达、那里流连，这边徜徉、那边徘徊。

“到了秋天，每天都忍不住想出来看看人间，天天都有不同的颜色，简直太美了！”刚刚出岫的云，飞得比平常更低，欢喜地自言自语，有时钻进山谷里去看风景，变成山岚；老半天，才不舍地钻出来，没想到已是黄昏，化为晚霞。

这些赞美的话，天天都在传诵着，山里的植物听见了，个个怀着欢喜的心，努力地显露自己的美丽。

有的植物生起自豪的心，其中以茶花、芒花、枫树最为我慢。茶花骄傲地对大家说：“秋天里的植物，最美的就是我了。要比艳，我不会输给春天的牡丹；比亮，夏日的玫瑰不如我；比大，冬天的梅花更谈不上了。这秋天所以这么美，全然是因为我的缘故，如果没有我，还算什么秋天呢？”

芒花听了，猛摇头，白茫茫的一片，像海浪一样。它不屑地说：“茶花呀！你们那种美是小格局的，好像人间的小情小爱。你仔细地看看我，不起风的时候，像白云片片；起风的时候，像白浪层层；即使在狂风暴雨之中，就像大漠中罗列的军旗……要比美，这秋天的原野谁比得上我呢？人们会歌颂秋天，是因为我的缘故呀！”

一旁的枫树听了，急得脸都红了，鄙夷地说：“你们两个给我听好！你们一个红只是红，单调极了；一个白就是白，乏味极了。看看我！我全身上下有多少颜色：黄、绿、红、紫、褐、黑……要比颜色，我最多彩。而且你们都是一朵一朵一穗一穗地开，你们看我全身上下哪一片不是宝？要比风华，我最多姿。即使是落在地上的一小片枫叶，也被人拾回去题诗作词，作为献给情人的礼物呢！你们不要搞错了，人们会喜欢秋天的美，是因为我的关系！”

三棵植物在那里你一言我一语地争辩“谁才是秋天最美的植物”，争了半天，没有一个答案。正在争吵得不可开交的时候，空中突然降下了一朵七彩的祥云，缓缓地、从容地落在高大的松树上。

定睛一看，原来是一只雄伟硕大的孔雀。三棵植物一时都安静了，因为不管是比颜色的多彩或是风华的多姿，它们合起来，也比不上那只孔雀。

孔雀说：“我在空中听到了你们的争吵，特地下来看看。其实，你们三个都一样的美呀！美，是和谐优雅，你们合起来使秋天更和谐优雅；美，是独一无二，你们各有不同，不可取代；

美，是价值确立，多了你们，秋天变得更有价值，少了你们任何一个，秋天就会减色了；美，是开启自我，把自我最美的部分提升出来，就是美了。茶花永远不会变成芒花，芒花也永远不会变成枫树，不是吗？如果每一棵植物都扮演好自己，那就是最美的秋天了。”

茶花听了欢喜，心想：“这个秋天，我要红过上个秋天。”

芒花听了高兴，心想：“山青爱亦青，发白心更白，我要让人一看见我，就有新的启示。”

枫树听了开心，心想：“我要更用心地换穿彩衣，把自己的每一片叶子，都当成献给人间最珍贵的礼物。”

又是秋天了。

秋天的时候，我常常和妻子在山间散步，几乎每天我们都会看见不同的美，看见花草的变化、山树的变化，乃至云天的变化。

与春夏最不同的，是秋天的颜色！

春季与夏季，台北的山都穿着一式的绿色，看起来很像军装。秋天到了，好像军队的假日，严肃的军人换上了各种色彩的便装，回去省亲，探视父母，或与心爱的人会面。

山也像军队，春夏是没有自我的，秋天则是一个个展现不同的样子。

我有一天在山上漫游，看着满山争艳的茶花、芒花与枫树，突然想到：为什么秋天会比其他的三季美呢？那是因为只有在秋天的时候，植物才和它自己的内在相认。由于和内在的那个自我相会了，茶花自然红，芒花自然白，枫叶则全然地奔放和自由了。

每一棵植物都有一个内在的火，是独一无二、卓然不群的，但只有被秋天的火苗点燃，才会满山燃烧；也只有内在的火焰被点燃的植物，才会显现完全的美。

这样想着，使我忍不住走到枫树边问它："你是谁呢？"而我相信，只有在秋天，它才能肯定地说："我是一棵枫树！"

人和植物也是一样的，我们把春夏的人生唤作"青春"，青春时到处探问世界。只有秋天的季节，才会"夏日饮茶觉味永，雪夜观灯知风在"地自问："我是谁呢？"

一直到与内在的自我相认，美，才确立了。

现在终于想通为什么简·古多尔和奥黛丽·赫本越老越美的原因，因为：她们和内在的那个自我相会了。

战鼓中起舞的老象

大象波梨耶，年轻时是象群中最强壮的，重量有两只大象那么重，走过大地，大地都为之震动。

但波梨耶年老的时候，也比一般的大象沉重而衰老。有一天，它到池塘边喝水，陷入泥淖中，无法脱困。

象园的主人用尽各种方法，也无法救出波梨耶，因为它太重了，没有任何的机具或大象可以拉得动它。

由于波梨耶来自皇宫，是老国王乘坐的大象，园主只好把这件事禀告国王。

国王听了非常烦忧，因为波梨耶是老国王最珍爱的坐骑，父王虽已去世，波梨耶却不应该陷死在泥淖里。

苦思了一夜，国王想到："波梨耶原是一只英勇的战象，是由世袭的驯象师家族所训练的。虽然老驯象师也死了，战争也结束了，年轻的驯象师应该还知道鼓舞战象的方法吧！"

于是，国王找来老驯象师的儿子，告诉他波梨耶的处境，命他想想办法。

年轻的驯象师说："我曾听先父说起，战象是一两岁时用鼓声训练的，作战的时候，只要敲击战鼓，不论战况多么危险，它都会奋全力往前冲。波梨耶已经衰老，战鼓不知道还有没有效？"

国王说："那就姑且试试吧！"

国王和驯象师带着打战鼓的人，抵达波梨耶陷身的地方。国王命人击奏战鼓，波梨耶一听见战鼓频催，仿佛自己又回到年轻时代的战场，精神大振，一鼓作气，一跃而起，脱离了困境。

带孩子去看日本的神鼓童打大鼓，为了让孩子了解大鼓的力量，表演开始前，我为孩子讲了这个寓言。

由于有了大象波梨耶的启示，神鼓童的鼓声仿佛拉开了场景，让我们想到了千象逐鹿、万马奔腾的景象，鼓声里遂有了绵绵不绝的力量。

大象波梨耶是个真实故事，佛陀曾以这个故事鼓舞弟子："一如波梨耶自行脱困，你们也要常常给自己打战鼓，自行从精神的烦恼中解脱出来。"

"给自己打战鼓"，是在少年时代要寻找到鼓舞自己的方法，才能在往后深陷泥淖之时，自己找到脱困之道。

我曾在心理学的书籍中读到马戏团训练大象的方法，在大象年幼时用绳索系脚，把绳子绑在铁棒上，铁棒则钉牢在地里，让幼象产生这样的心理认知："凡是长棒型的东西是不可能挣脱的。"年深日久，幼象即使长成巨象，也会乖乖地被系在小小的铁棒上。

这就是为什么马戏团的大象只用小小的木柱就能牢牢绑住的原因呀！

所以，鼓舞自己要趁青春年少。

磨房里的战马

在遥远的西方有一个国家，从来没有马，与邻国作战时，常吃败仗，有大臣就向国王建议："如果我们有很好的战马，战斗力会增加，外国就不会轻侮我们了。"

国王于是减少大部分国家的经费，派人四处访求名马，最后买了五百匹好马，又花了许多钱找驯马师，把五百匹良马都训练成英勇无比的战马。

有一天，邻国发兵来攻打，只到了边境，看到五百匹战马奔腾而来，邻国国王就说："我以为这国王只有步兵，没想到有这么强大的兵马，这样，就没有必胜的把握了！"于是，尚未作战，就下令退兵了，准备整军经武，再来攻打。

经过了几年，邻近的国家都知道该国有强盛的兵马，再也不敢来侵犯。

太平的日子过久了，国王就觉得战马好像没有什么用处，不打仗的战马比磨房里的马还要无用。

这时候，有一个大臣就奏告国王："养了五百匹马，消耗了不少饲料，饲养训练都很麻烦，对国家也没有实际的用处。有一个两全其美的方法，就是把战马的眼蒙住，带入磨房去干活，这样，可以增加国家的财政收入。一旦有战争，解开眼罩，它们又变成战马，还是可以保卫国家！"

国王觉得这是个好计策，命人把战马带入磨房工作，研磨五谷杂粮。战马的眼睛虽被蒙住，它们的工作却是不断地转圈圈。时间一久，它们习惯回旋，只会转圈圈，眼睛是不是蒙住，并没有什么差别。

忽然有一天，邻国又兴兵来犯，国王便命骑士立刻把磨房的战马拉出来，解开眼罩，果然，战马还是雄赳赳气昂昂的。就像从前一样，骑士扬鞭策马，想要直直地冲入敌军迎战。

奇怪的是，这些战马被鞭子一打，习惯性地回旋，转圈圈、又转圈圈……就好像有五百个无形的磨一样。

邻国的大军长驱直入，把这个国家消灭了，五百匹战马又被派入磨坊，国王则被任命为管磨坊的人。

在台湾新北的汐止有一个慈航堂，里面供养了一位肉身菩萨的金身，那是慈航法师的金身舍利。

慈航法师讲过一个故事，他有一次在钟表店遇到一位军人，军人骂他说："这个国家如果所有的人都像你一样出家，国家就灭亡了。"

慈航法师一点也不生气，他说："这个国家如果所有的人都是军人，也会灭亡呀！只有各司其职，每个人把自己的专业做好，国家才会强盛！就像你手表坏了，自己也不会修理呀！"

战马是重要的，磨房里的马也很重要，但战马如果进了磨坊，或磨坊里的马拉出来作战，正如出家人好勇斗狠，或军人心如止水，都非国家社稷之福。

所以，人应该了解自己的本质，去做能发挥所长的事。而一个量才适用的社会，才是良质的社会。

莲花池神

有一位在森林里修行的人，非常纯净，也非常虔诚，每天只是在大树下思维、冥想、打坐。

一天，他打坐感到昏沉，就起身在林间散步，偶然走到一个莲花池畔，看到莲花正在盛开，十分的美丽。

修行人心里升起了一个念头："这么美的莲花，我如果摘一朵放在身边，闻着莲花的芬芳，精神一定会好得多呀！"

于是，他弯下身来，在池边摘了一朵莲花，正要离开的时候，听到一个低沉而巨大的声音说："是谁？竟敢偷采我的莲花！"

修行人环顾四周，什么也看不到，只好对着虚空问："你是谁？怎么说莲花是你的呢？"

"我是莲花池神，这森林里的莲花都是我的。枉费你是个修行人，偷采了我的莲花，心里起了贪念，不知道反省、检讨、惭愧，还敢问这莲花是不是我的！"空中的声音说。

修行人的内心升起了深深的惭愧，就对着空中顶礼忏悔："莲花池神，我知道错了，从今以后痛改前非，绝对不会贪取任何不属于自己的东西。"

修行人正在惭愧忏悔的时候，有一个人走到池边，自言自语："看！这莲花开得多肥，我该采去山下贩卖，卖得钱，看能不能把昨天赌博输的钱赢回来！”

那人说着就跳进莲花池，踩过来踩过去，把整池的莲花摘个精光，莲叶全被践踏得不成样子，池底的污泥也翻了起来。

然后，他捧着一大束莲花，大笑着扬长而去了。

修行人期待着莲花池神会现身制止、斥责或处罚那摘莲花的人，但是池畔一片静默。

他充满疑惑地对着虚空问道：“莲花池神呀！我只不过谦卑虔诚地采了一朵莲花，你就严厉地斥责；刚刚那个人采了所有的莲花、毁了整个莲花池，你为何一句话也不说呢？”

空中的莲花池神说：“你本来是修行人，就像一匹白布，一点点的污点就很明显，所以我才提醒你，赶快去除污浊的地方，回复纯净。那个人本来是个恶棍，就像一块抹布，再脏再黑他也无所谓，我也帮不上他的忙，只能任他自己去随恶业，所以才保持沉默。你不要埋怨，应该欢喜，你有缺点还能被人看见，看见了还愿意纠正教导你，表示你的布还很白，值得清洗，这是值得庆幸的事呀！”

什么是天空最美的时刻呢？

就是有几朵纯白的云横过大际的时刻。

云的纯白，反衬出天空的湛蓝。

云不能太多，天会显得零乱；云不能太大，天会显得狭窄。

因此，天空最美的时刻，也正是云最美的时刻。

什么是草原最美的时刻呢？

就是有一两棵树站在草原的时刻。

树的稀疏，凸显了草原的辽阔。

树不能太多，草原会变得拥挤；树不能太杂，草原会失去颜色。

因此，草原最美的时刻，也正是树最美的时刻。

从大自然的观察和体会，我觉得最美丽的人，正像天空和草原一样，能立即感受到云或树的存在，去感受到人生中那些清楚显露的优点和缺点。

因此，人最美的时刻，是保持觉察的时刻。

大房子

一位智者到乡间拜访朋友，他的朋友住着一栋非常豪华的别墅，可以说是附近城乡最美丽的房子。

那个拥有豪华房子的朋友闷闷不乐，智者于是问他："你怎么了，什么事使你不快乐？"

朋友说："难道你没有看到对面刚盖起来的新房子吗？"

智者往窗外一看，果然看到了一栋巨大的花岗岩别墅。

朋友说："自从对面盖了这栋豪宅，我失去了所有的快乐，你不能想象我的人生有多么悲惨。我从清晨起床到夜晚入睡，都会看到那栋房子，甚至做梦也会梦到，从噩梦中醒来！"

智者说："这就奇怪了，你依然住在同一栋房子，而你从前是那么快乐，你的快乐和悲惨与你的邻居有什么关系呢？如果你现在被邻居的豪宅折磨，你的邻居也可能因为你从前的大房子忍受长久的折磨，他把房子盖得比你的豪华，正是对你的报复呀！"

他们正在交谈的时候，对门的邻居来访，邀请他们共进晚餐。

智者立刻就答应了。

但朋友说："哦！不行，我晚上还有一个约会，我太忙了！"等邻居走了，智者就问朋友："你一点也不忙呀！你晚上有约会吗？”

朋友说：“不，我晚上没有约会，我也不忙，但是从今天起我要忙起来了。在我还没有盖好一栋比他的房子更大的房子之前，我不可能走进他的房子。你等着瞧，等我盖一栋更大的房子，我会走进他家，邀请他来和我共进晚餐。”

春天的时候，我到安徽合肥的中国科技大学演讲，演讲会前有一些学生来拜访我。

其中有一位非常俊秀的年轻人，非常严肃地问我：“林老师，我觉得我的人生很痛苦，怎么办？”

这个问题使我疑惑，因为中国科技大学是最好的理科大学，眼前的青年又是一表人才，为什么感到痛苦？是为了学业吗？

“不是，我从小就是资优生，从小到大都考第一名的。”

是为了爱情吗？

“也不是，我有一个要好的女朋友，感情也很顺利。”

那么，到底是为了什么？

“我今年就要毕业了，我从小样样得第一，考试都考一百分，但是一想到毕业以后的人生，我的事业不可能一百分，我的爱情不会一百分，我的婚姻不会一百分，我的人际关系不会一百分……几乎没有任何一样可以一百分，由于这种预先的看见，使我很痛苦。”

当时，我就对这几个学生讲了“大房子”的寓言。我的结论是，人生确实不可能像学生时代，有任何科目可以满分，那是因为真实的人生没有标准答案，也没有固定的极限。我们的欲求永远不会满足，等到哪一天我们真的考了一百分，才会发现满分原来是两百分！

所以，向外追求、向外比较的人生，空间会越来越小，年纪越大的人会发现分数越少。但是向内开展、向内体验的人生，由于心灵的空间无限，即使不求满分，也会日益得到自由和喜悦。

由于中国科技大学有一千四百亩大，学生们为了听演讲，在餐厅吃了晚餐，没有时间赶回宿舍放饭钵，许多人都捧着铁制的饭钵听演讲，形成一幅奇特的画面。

我站在台上，心里非常感动，想到如果每天我们的心灵也是一个钵，时常保持空的状态，慎重庄严地捧在胸前，那么人生任何的美好事物也都能盛在钵里了。

心与肋骨

两位神仙在天上玩泥巴，捏着捏着就造出了一个人形。

一个说："我们就把这个叫作男人吧！"

另一个说："如果只有这个男人就太孤单了，因为，人不像我们善于独处，我们再造一个来给他做伴。"

先前的神仙就随手取出了男人身上的一根肋骨，捏出另一个人形，说："给男人做伴的，就叫女人吧！"

"为什么你取了他的肋骨来造女人呢？为什么不用身体的其他部位呢？"

"我不取男人的头来造，是担心男人被女人支配；我不取脚来造，是担心女人成为男人的奴隶；我取肋骨来造，是希望女人永远靠男人的心最近。"

"你取了男人的肋骨造了女人，是不是也该取女人的肋骨造些什么？"

那个神于是取出女人的肋骨，在离心最近的地方造了一对乳房。

它说："这样所有的女人哺育孩子时都会很用心，而所有的孩子也都能因此贴近母亲的心。"

从前读《创世纪》时，很不能理解，为什么神用男人的肋骨创造了女人，那不是对女性的贬抑吗？

慢慢地才了解到神话中也有深意，因为肋骨是最贴近心、也最能保护心的，因此当一个心找到最贴近的肋骨，不论男女，都是最好的自我完成。

在犹太教的法典《塔木德经》（Talmud）中就说，由于女人是靠心最近的肋骨所造，因此有许多先天的特质："女人的直觉比男人要好""女人的爱情比男人深厚""女人比较容易走入感性的信仰""女人的嫉妒心比男人要强"。

男人与女人确实有许多不同的特质，只要时时想到心与肋骨的密切关系，互相了解，才会有完美的人生。

《塔木德经》里有一句话很好：

"如果男女真正相爱，虽然睡在刀剑般狭窄的床上，也觉宽大。一旦反目失和，纵使有十六米宽的大床，也嫌太小。"

欢喜丸

从前有一个善人，却娶了一个凶恶的妻子，妻子有了情夫，担心事情败露，开始嫉恶自己的丈夫，时常想办法要谋害亲夫，却找不到机会。

有一天，这个善人应聘到邻国当大使，妻子觉得机会来了，便亲自做了五百个欢喜丸（印度的一种干粮，类似中国的窝窝头），里面放了毒药，意图谋害丈夫。

善人出发的前一天，妻子深情款款地对他说："你明天就要远行了，我担心你一路上辛苦，吃东西也不方便，特别为你做了五百个欢喜丸，一旦出了国界，肚子饿了，就可以拿出来充饥。"

善人听了非常感动，把那五百个掺了毒药的欢喜丸放在背包里，出发到邻国去了。出了国界，天就黑了，他便准备在林间住一夜，突然听见野兽的叫声，他爬上树躲避，把装了欢喜丸的背包忘记在树下。

就在这个晚上，有五百个盗贼偷了国王的五百匹马和许多财宝，来到树下休息。由于逃遁的关系，都非常饥饿，看到背包里有五百个香喷喷的欢喜丸，便一人一个，狼吞虎咽地吃了。

那毒药果然厉害，五百个盗贼全部被毒死了。

天一亮，善人从树上爬下来，看到五百个盗贼都没了气息，于是用盗贼身上的刀箭，将五百盗贼砍射一通，布置成盗贼被他杀害的场面，带着财宝和五百匹马，向皇宫前进。

这时，正好国王带着大批人马循着马迹追来，与善人在途中相遇。

国王问道："你是什么人？怎么会有这些马？"

善人说："我是某国人，本来要出使贵国，在路上遇到五百个盗贼，和他们砍杀起来，现在五百个盗贼都被我杀死了，全躺在前面的树下，我正要把马匹和财宝还给大王呢！"

国王派了亲信到树下查看，果然和善人说的一样。国王一方面欢喜，一方面赞叹，从来没有见过这么有勇气、能以一挡百的人！回到皇宫，不只封了善人的爵位，还划了一大块领地给他。

国王的旧臣都生起嫉妒的心，对国王说："他是外国人，大王对他的宠爱一下子胜过了所有的旧臣，大王还不了解他的为人，千万不可深信呀！"

国王说："我知道你们内心不服，但你们的勇气胆识确实不如他，如果有谁不服，尽管和他比试一下！"

旧臣虽然心怀嫉妒，却没有人敢出来和善人比试。

不久，这个国家的旷野出现了一头凶猛的狮子，经常吃人，没有人敢走那一条路。那些嫉妒的旧臣就商议道："那个外国人，听说一口气杀了五百个盗贼，勇力非凡，不如我们建议国王派他去杀狮子，不管是除掉狮子，或除掉他，都是好事呀！"

商议已定，大臣们就去向国王进言，国王于是赐给善人一把最利的刀剑，派他去杀狮子。善人无法拒绝，只好硬着头皮到狮子出没的地点。

狮子看见善人，大吼一声，冲了出来，善人害怕万分，转身就逃，很快地爬上树，狮子仰头张开大口，盯着树上。善人吓得发抖，刀剑拿不住，落了下来，正好落进狮子的咽喉，立刻就把狮子杀死了。

善人立刻跑回皇宫，向国王报告："狮子已经被我杀死了！"国王更加地宠遇他，人民更加地敬服，把他当成英雄。

十几年前，我第一次读到《百喻经》的这个故事，实在不能了解它有什么深意，虽然经上说："其施初时虽无净心，然彼其施，遇善知识，便获胜报；不净之施，犹尚如此，况复善心欢喜布施？是故，应当于福田所，勤心修施。"

意思是，善人的妻子布施的虽是不净的欢喜丸，但因为布施给善人，所以得了殊胜的果报，不净的布施都这样殊胜了，何况是善心欢喜的布施呢？

经过了岁月的洗炼，再重读这则寓言，觉得它讲的是人生的转机，对一个良善的人，即使面对的是生命的绝境，都还是有转机的，这大概就是"天道无亲，常与善人"的寓意吧！

在一个混浊的世界，坚持良善，有时会被看成傻子，有时会吃亏，但如果相信法轮常转，善良的人在人生里应有更多的转机吧！

拍卖丝蕊玛的身体

王舍城中有一位美丽无比的妓女，名叫丝蕊玛。

丝蕊玛不只是妓女中最漂亮的，整个王舍城里没有一个女人美貌胜过她，因此，不只是一般的男人迷恋她，连出家修行的人，也暗暗地倾慕她。

如此美丽的妓女，价钱当然也很昂贵，要几百铢才能见她一面，几千铢才能坐下来和她谈话，如果想和她共度一晚，则要花上几万铢。纵使价钱这么高，还是有无数的人愿意倾家荡产来亲近她。

有一天，丝蕊玛突然生了重病，意外地过世了。

丝蕊玛过世的消息，传了开来，凡是亲近过她的人都伤心不已，伤心的程度超过自己亲人的死亡；即使不认识丝蕊玛的人，也会莫名地啼哭，就像是听见国王驾崩一样。

王舍城陷入了空前的悲哀与混乱之中。国王不得不宣布全国戒严，防止发生暴乱，并紧急地跑到祇树给孤独园，请教佛陀，要如何才能停止人民的悲伤，终止混乱。

佛陀对国王说："您先把丝蕊玛的身体保留三天，向全国人民宣布，从第四天开始拍卖丝蕊玛的身体，只要付出一千铢，出资的人就可以和她共度一夜，每天降价一百铢，到最后完全免费，人民的悲伤就会停止了。"

国王依照佛陀的建议，做了这样的宣告，群情沸腾的人民都大为震惊，立刻就清醒过来，没有人愿意花一分钱来拥有丝蕊玛的身体，更不用说一千铢了，最后甚至完全免费，也没有人愿意来看丝蕊玛一眼。

王舍城的悲伤与混乱，立刻就止息了。

佛陀借这个机会，教化弟子们说："当丝蕊玛活着的时候，无数的人愿意用尽家财，只希望与她共度一晚，现在即使完全免费，全城的人没有一个有兴趣。人身无法幸免生老病死，你们要好好修行呀！"

许多弟子因此领悟了生命的实相。

秋天的时候，走进一个开满紫荆花的园子，看见落了满地的艳紫荆。

有的刚落下不久，依然留着在树上时动人的颜色；有的落了几天，已经枯干成为褐色；有的则已经腐化，黏在土里。

看着地上的紫荆落花，使我想到一朵花的生命是多么的短促，但是，花之所以美，也决定在它的短促。我们觉得昙花美过菊花，是因为昙花只开一夜，菊花却开一月；我们觉得所有的真花都比假花漂亮，是因为真花有着生命的兴谢呀！

也许，美女与英雄都是为了启示世人而诞生在这个世界，"自古英雄与美人，不许人间见白头"，美人迟暮、英雄气短，使我们觉察到不应该执着于色身，而要锻炼心性，去触及更恒久的心灵世界。

长得平凡是人生里值得感恩的事，这使我们减少了色身的执着，也使我们更易于领悟生命的实相。

红宝石血案

一个出家人沿街托钵化缘。

出家人走过一间制造首饰的工房，由于首饰工匠曾经供养过他，出家人便转进去化缘。

首饰工匠正在处理一块肉，他叫出家人稍等一下。这时，国王派一位使者送来一颗红宝石，请工匠切割修饰后再送还国王。

工匠用沾染鲜血的手接过红宝石，放在案上，进屋去洗手。

工匠家中的一只小鸟，以为染有血迹的红宝石是一块肉，就当着出家人的面，吞了那颗红宝石。

工匠出来后，发现红宝石不见了，就问出家人："你有没有拿桌上的红宝石？"

出家人摇摇头。

但是工匠并不相信他，因为当时只有出家人在现场，并没有第二个人，他心里想："如果不鞭打你，你是不会招认的！"于是，找来一根绳子，绑紧出家人。

工匠用棍子毒打出家人，要他招认窃取红宝石的实情，出家人只是沉默不语，最后，出家人被打得头破血流。

那只吞了红宝石的小鸟，看见了血，以为又是肉，飞到出家人身边想讨肉吃，工匠愤怒异常，一棍子把小鸟打死了。

出家人看见小鸟死了，突然开口说话：“请你看看那只小鸟是否真的死了？”

工匠粗暴地把小鸟抓起来检视，说：“小鸟死了！我告诉你，你偷了国王的红宝石，也会像小鸟一样，被我打死！”

确定小鸟已死，出家人说：“那红宝石在小鸟的肚子里，刚刚是这只小鸟吞了红宝石。”

工匠把小鸟的腹部切开，果然在里面发现了红宝石，他知道自己犯了大错，立刻跪下来向出家人认错，说：“师父呀！您知道小鸟吃了红宝石，为什么不早说呢？”

出家人说：“如果我说出来，你一定会杀了小鸟取红宝石，在你的眼中，红宝石比人命还珍贵，在我的心中，即使国王的红宝石，也不会比一只小鸟的命珍贵呀！”

读到这个佛经的寓言时，我的内心波动了许久，我想到的是：如果我知道家里养的小鸟吞了一颗红宝石，我会怎么做呢？

我想，我会等待，等那只小鸟拉屎，把红宝石拉出来。

但是，如果两者只能取其一，我会做什么样的选择，这样想，使我满头大汗。

其实，我们心里也有小鸟，也有红宝石，红宝石是我们对物欲的执取，小鸟则是我们的生命，我们是经常牺牲小鸟换取红宝石的。

人人都知道“时间就是金钱”，因此乐于用大部分时间去换取金钱；但如果想到“时间就是生命”，恐怕不会那么乐意地用生命去换取金钱了。

我们不只要重视有生命的众生，发挥慈悲心，也要重视自己的生命，看见生命的珍贵，发展生命最重要的价值。

小鸽子的重量

一位高僧，独坐在森林的树下，静坐冥想。

空中突然传来一阵呼救的声音："救命呀！救命呀！"

高僧从定中睁开眼睛，原来是一只白鸽被一只黑鹰追逐。白鸽一面呼救，一面急速冲下，飞入高僧的怀里。黑鹰跟着飞到高僧身边。

"大师，救救我！"白鸽恳求着。

高僧于是对黑鹰说："你就饶了它吧！对你来说只是少吃一餐，可是对它来说，却是一条命呀！"

黑鹰也央求地说："大师，我已经好几天没有进食，这一餐再不吃，我就飞不起来，也会死去呀！您有平等心，难道您只可怜鸽子，不可怜我吗？"

高僧就想出一个办法，他对黑鹰说："这样吧！我从腿上割下一块和这只鸽子等重的肉给你吃，你就饶了这只鸽子吧！"

黑鹰说："没问题！但是大师一定要公平，肉一定要和鸽子一样重呀！"

高僧变现出一个天平，把鸽子放在天平的一端，割下一块肉，放在天平的另一端。

很奇怪，鸽子比较重。

高僧又割下一块更大的肉，放在天平上。

鸽子还是比较重！

不论高僧割下多少肉放在天平的一端，鸽子依然比较重！

最后，高僧整个人坐在天平上，才和天平上的鸽子等重，天平终于平衡了。

高僧感叹地说："生命不论大小、尊卑、高低都是同等重要和珍贵的呀！"

大地震之后，有一段时间大家在讨论，应该给死者多少慰助金（抚恤金）呢？现在一般的灾难，按常规是台币二十万元，或是三十万元，这一次是一百万元，一百万元是太多还是太少？此后，是不是一般灾难也应该提高到一百万元呢？

对于任何一个人的生命失去，再多的慰助金也嫌不够，纵是一千万元，也买不回往日的欢笑与相聚了。

我们更应该重视的，不是慰助金的多少，而是唤起"爱惜生命"的观念，唤起"用心生活"的观念，乃至唤起"无缘大慈，同体大悲"的感同身受的观念。

经过了大地震的启发，我们还是如往常一样，看着一些人自杀、一些人杀人、一些人抢劫偷盗、一些人骨肉相残……我们还是一样地糟蹋生命、粗糙生活、过着无知无感的日子。

经过了这一震，我们的人生如果没有提升和改变，就白白震了一场。

经过了这一震，我们的人生如果没有更深情的领会和更敏锐的感受，我们的父老兄弟姐妹就白白牺牲了。

从大海取来的沉水香

从前在一个偏远的乡村，住了一个叫阿标的青年，他整天游手好闲地做着发财梦。

有一天，阿标到省城游逛，看到有人在卖黑色的木头，有的切成小片，有的磨成细粉，价钱非常昂贵。

阿标感到很好奇，因为那木头的价钱几乎与金银等价了，他忍不住问卖木头的人："老板，你卖的是什么木头？这么贵？"

老板说："年轻人，这可不是普通的木头，这叫作沉水香，也叫乌沉香，它有令人神清气爽的香味，又很坚硬沉重，放在水中会沉到水底，因而得名。把它整块放在房子里，会自然弥漫清香；切成片，可以煮茶，有益健康；磨成粉，可以焚香礼佛，是最好的供养。沉香木非常稀有，才会这么贵呀！"

阿标听了，心想只要找几棵沉香木来卖，一定会赚大钱的。他问道："那么，这沉水香产在哪里呢？"

老板说："我听说过了南海的森林里，还有千年的沉香树，不过，要取沉水香的话，要先把树砍断，放在地上，等过了三年五年，树的外层朽烂了，显露出木头里的芯，坚硬而乌黑，那才是沉水香。新砍的树木并不能取沉水香呀！"

"光是等树朽烂，就要三年五年，实在是太长了！"阿标口中念念有词，继续追问：“有没有什么更快的方法呢？”

老板沉吟半晌，才说：“我还听说，南海地区每年都有台风大水，深山里的沉香木常会被刮断冲入海底，在海中浸泡多年，外层都已朽烂，只剩下沉香的芯，是世上最好的沉水香，可惜入大海取沉香木是艰难而危险的事，从来没有人去做呀！”

阿标一听，开心得不得了，千里迢迢跑到南海去，千辛万苦地潜入海底取沉香木。经过了好几年，好不容易捞了一整车的沉香木，千磨万难地才运回来，然后载到省城去卖。

阿标心想：“我如果一小块、一小片、研成粉末地卖，要积多少年才能成为富翁呢？我的沉香木决不分售，一定要整车出售。”

一般卖小片沉香木的都是在省城的街上卖，阿标要整车地卖，只好载到木材市场去，和要做家具的、做木炭的木材车摆在一起。

由于沉香木的价格太高了，根本没有人买，而眼见旁边做家具、做木炭的木材很快就卖掉了，其中卖得最快、价钱最好的是木炭。

这样又经过几个月的时间，阿标的心里越来越慌，他心里生起一个念头：“不如把沉香木烧成木炭来卖，‘沉香木炭’是多么棒的木炭，一定可以卖得更快，又有好的价格。”

他终于把沉香木烧成木炭，由于香味已失，依然卖不出去，最后以一般木炭的价格出售了。

阿标回到乡下，依然整天游手好闲地做着发财梦。

如果我们把一生的时间分成两部分，一部分是紧急的；一部分是重要的。

紧急的事情就是学习、工作、谋取衣食，我们每天准时到学校、准时到职场、追逐更好的物质生活，这都是一刻也不能担搁的。

重要的事情是思考人生的意义、体会人生的智慧、确立人生的价值，使身心与时俱进，迈向更高的境界……这些，都是今天不做也可以，明天不做也没关系，从来不会有老师、上司、父母逼迫我们“限定时间，把这件事情做完”。

日积月累之后，大部分人都用大部分的时间去做紧急的事，只有少部分人用少部分的时间来做重要的事。到最后，几乎稍有思考的人就会生起一个念头：“我们的人生是够紧急了，但是却一点也不重要。”

生命里那些重要的品质就好像沉香木一样，需要更多的时间和空间，时间可以剥除那些腐朽的部分，显露出香木中的芯；空间可以化解那些无味的外表，发散出最内在的芳香。唯有经过岁月细细地研磨，才能知道沉香木和一般木头的异同呀！

可惜，我们总是太紧急了，紧急地为时间求售，紧急地把自己烧成木炭。数十年后放眼四顾，才看见许多具有沉香质地的青年，把自己的人生当成木炭，卖掉了。

分午餐给猴子

有一个樵夫到山上去砍柴，辛苦工作了一个上午，中午时分，他把饭盒拿出来，准备吃午餐。

这时候，一只山上的猴子跑出来，安静害羞地坐在他的身边，用充满乞求的眼神看着樵夫，樵夫生起了慈悲心，对猴子说：

“你今天还没有吃饭吧！”

猴子依然安静地用乞求的眼神看着他。

“真可怜，我的午饭分一半给你吧！”

樵夫分一半午饭给猴子，猴子欢喜不已，一起坐在大树下吃午饭。

从此，每天吃午饭的时间，猴子就会跑出来要饭吃。樵夫觉得猴子很可爱，也开心吃午餐时有猴子陪伴，经过几个月，他们变成非常要好的朋友。

有一天，樵夫和妻子闹意气，匆忙之间出门，忘了带午饭。樵夫心想：“一餐不吃也不会怎么样！”到了中午，他就继续砍柴。这时候，猴子从林中跑了出来。

一如往常，猴子安静地坐在树下，等着吃午饭。

樵夫没好气地说：“我今天忘了带午饭，你回去吧！”

没想到，猴子听不懂他的话，开始大声地吱吱叫，催促他把午餐拿出来。

樵夫大叫：“我没有带午饭，你没听见吗？”

猴子以为樵夫把午饭藏起来，也生气地乱叫，伸手翻看樵夫的背包，在树下各处找来找去，最后，甚至翻查樵夫的衣服。

这种种不礼貌的动作，使樵夫非常烦躁，大声呵斥猴子：“去、去、去！我今天心情不好，不要惹我！”

猴子退后几步，也大声地呵斥樵夫：“吱、吱、吱、嘘、嘘、嘘！”

樵夫几次要赶猴子都赶不开，随手捡起地上的一块木头向猴子掷去。他本来也不想打中猴子，只想吓吓它，没想到，木头正中猴头，当场把猴子打死了。

樵夫感到非常懊悔，他后悔不该忘了带午餐，后悔不该对不知情的猴子生气，后悔不该在生气时向猴子丢木头，以致打死了猴子。他伤心地哭泣，但是事情已无可挽回了。

从此，樵夫每天孤单地在树下吃午餐，每到中午，就思念那只安静害羞的猴子。

一些朋友聚在一起谈布施的经验，大家的共同结论是：布施，不是一件简单的事；做好事所用的心力和努力，绝对不会比做坏事来得少。

许多人都有这样的经验：因一念慈悲而生起布施的心，或许因为自己不够有恒心有耐心，或许因为受施的对象需索无度，布施心因此退转。更糟的是，到最后施者受者都陷入痛苦的旋涡，双双受到伤害，扭曲了最初布施的动机。

因此，对布施者的建言是：布施是自己的行为，受施者可能欢喜接受，可能感到不悦，布施者都要无怨无悔，那才是真布施。布施是一种爱的锻炼，越是艰难的布施，越能考验布施者的爱是否纯净。布施需要大的耐心，因此无论如何不可以丢出木头！

朋友问我对布施的看法，我说了这个樵夫与猴子的寓言，我的结语是：

“无论如何，有猴子陪着吃午餐，樵夫既开心，又可以减肥，实在是幸福的事呀！”

几个肥胖的朋友听了，都大笑不止。

站在猴子的立场看，别人对我们的好，如果能葆有第一次那么安静、害羞、欢喜，就会一直有感恩心和欢喜心，不会把别人对我们的好当成理所当然。

感恩的人有福报，欢喜的心生智慧，即使在不得已时接受施舍，若心不颠倒，施与受都是好事呀！

最后一剑

美丽无比的公主被毒龙抓走了。

伤心的国王宣布，任何人只要救回公主，就把公主许配给他，并且送给他一半的领土。

两个最要好的朋友，相约一起去救公主，他们历经千辛万苦，才除去毒龙，解救了公主。

但是问题来了，“到底公主要许配给谁呢？”国王非常地烦恼：“是嫁给那个叫松风的青年，还是嫁给叫水月的青年呢？这个问题还是由公主做决定吧！”

国王问公主的决定，公主也非常烦恼。因为这两个有为的青年，不论外貌才识都是相当的，而且对自己都有救命之恩，放弃任何一个都不舍，于是她禀告国王说：“还是请父王做决定吧！”

国王终于做出一个艰难的决定，让松风和水月决斗，赢的人可以得到公主和领土，输的人就什么也没有了。因为在这个国家有一个律法，凡是决斗一定要到生死才分出胜负，输的一方一定要被杀死才停止。

松风和水月缠斗了一整天，几乎无法分出胜负，最后松风终于打倒水月，他把剑抵住水月的胸前，陷入沉思，久久刺不下去。

松风长长地叹了一口气：“我不能为了公主和领土而刺杀自

己最要好的朋友！”他收剑，返身就走。

万万没有想到，水月大叫一声：“决斗还没有结束呀！”水月跳起来，一剑，从背后刺入松风的身体。

松风在血泊中倒下，惊骇的公主冲出来阻止了决斗，幸好松风并未被刺中要害，侥幸活了下来。

公主决定嫁给松风，她对国王说：“在任何情况下都不会背弃朋友的人，将来一定也不会辜负我呀！”

听朋友谈起一生中被朋友出卖和背弃的经验，我讲了这个寓言。朋友说：“对极了，这就是我这一生最大的弱点，明明最后一剑只要刺进去，就会得到公主和领土，但说什么也刺不下去，一转身，往往就在背后被捅了一剑。”

我说：“这不是缺点，而是优点呀！仔细地想一想，那些从前为了公主和领土，在背后刺杀我们的人，现在在哪里？他们并没有过得比我们好、比我们快乐。而且，经过这么多年的淘汰，现在我们身边的朋友都不会为了公主和领土刺杀我们，这是多么开心的事。”

于是，我们坐在薄雾笼罩的林间喝茶，想起生命中过往的一切，从前的逞强争胜，都仿佛是松风与水月——吹过松林的风虽然清凉，却是不可挽留的；浮在水面的月之金影虽然明亮，却是无法捞取的。

我们只留下清凉的感受与明亮的觉察，一切就随雾流向远方了！

第二章　傻瓜与聪明人

不想成为傻瓜追随者，首先要学会静心，少发议论；其次，是保持观照，去看见事物背后的真相；再者，是独立思维，不在表面的评论中打转；最后，就是永远对自己生命的成长保持正向和喜悦的态度。

傻瓜与聪明人

在一个城市里，住着一个傻瓜，他很为大家都把他看成傻瓜而感到苦恼。

有一天，一位专门为人解答人生困境的智者，来到这座城市，傻瓜便跑来向智者求助。

“你有什么生命的困境吗？”智者问。

“我不喜欢别人把我看成傻瓜，请问有什么方法可以让别人把我看成是聪明人呢？”傻瓜说。

“这非常简单，从现在开始，不管任何事情，你都给予最多最无理的批评，特别是对那些美好的事情加以批评。七天以后，大家都会认为你是聪明人了。”

“就这么简单吗？那我该怎么做呢？”

“例如，若有人说：‘今晚的月色很美！’你就立刻加以批评，直到别人相信月色对人生无用为止；若有人说：‘生命中最重要的是爱！’你也立刻加以批评，直到别人相信爱对人生一点也不重要；若有人说：‘这本书写得很好！’你仍然立即加以批评，直到别人相信人生根本不需要书。……这样，你懂了吗？”

“懂了，懂了！”傻瓜说，“但是，只要这么简单，别人就会相信我不是傻瓜吗？”

“相信我！我会在这里停留七天，七天之后你来见我，我保证别人不管你的内在是不是傻瓜，他们都会认为你是聪明人了。”

傻瓜就按照智者教导的去做了，他不论听到任何事情，总是立刻跳起来批评，把他所知道的所有非理性的字眼都倾吐出来，直到别人相信他为止。

七天之后，傻瓜回来探望智者，他的后面跟随着一千多个门徒，对他毕恭毕敬，并且称呼他为“大师”。

现在的资讯和传播，有点超过我们想象的发达了。

但是，如果我们仔细一些，去体会资讯和传播的内容，不论是电视、广播、报纸、网络，有许多人，他们每天做的事情都一样，就是批评。

今天所发生的事，晚上会有十几家电视的谈话节目批评，二十几家电台评论，第二天或第七天，会有上百家报纸杂志批评，大家的焦点永远放在被批评的事情，很少人注意那些批评的人是不是傻瓜。最后，一些傻瓜都有了追随者。

不想成为傻瓜追随者，首先要学会静心，少发议论；其次，是保持观照，去看见事物背后的真相；再者，是独立思维，不在表面的评论中打转；最后，就是永远对自己生命的成长保持正向和喜悦的态度。

飞过村落的乌龟

从前，在一个大池塘里，住着一只乌龟，池塘边住着两只大雁。

日子久了，它们结成很要好的朋友。

有一年，遇到了干旱，池塘的水一天一天地干涸了，两只大雁就商量要迁到远方居住，但是又很担心乌龟会死掉，决定邀乌龟一起迁居到远方。

大雁就跑去找乌龟商量:“龟兄呀！这池水眼看就要干涸了，你住在这里必死无疑，我们决定迁到远方去住，不如你和我们一起去吧！”

乌龟说：“可是，你们能飞行，可以很快到达目的地，我只能爬行，恐怕尚未到达，就已经枯干而死了。”

大雁说：“这你放心，我们早就想好了。我们各咬着木头一端，你衔着木头的中间，飞到有池塘的地方就好了。只是要记住，你千万千万不能开口说话。”

乌龟说：“这样，事情就很简单了。”

于是，大雁就按原来所说的带着乌龟飞离池塘。

飞过第一个村落，被一些人看见，便议论纷纷，说:“你看，天空有雁子衔着乌龟在飞。”

乌龟忍住不说话。

飞过第二个村落，被一些人看见，便又议论纷纷，说：“你们看，两只美丽的雁子衔着一只王八飞过去了！”

乌龟强忍住不说话。

飞过第三个村落，被一些人看见，依然议论纷纷，说：“大家快来看，两只美丽的雁子衔着一只乌龟王八在天上飞。”“咦！大雁什么时候会吃乌龟肉？我怎么不知道！”“可能是大雁把乌龟衔到空中，把它摔成肉泥，才能吃它的肉呀！”

乌龟越听越气，它自己被批评没关系，竟然误解了最善良的朋友，怎么能忍耐呢？因此，它张口大叫：“这和你们有什么相干？事情不像你们所看见所想象的那样！”

乌龟一张口，立即从空中坠落地上，摔成了肉泥。

我很喜欢释迦牟尼说过的一个教化，说到一个人面对议论最好的态度就是默摈，也就是默默地摈弃它，不发一语。

那是因为站在一个更开阔的观点，言语道断实在是不值得争论的，应该把更多的时间和心力用在真正对生命有益的事物上。那些整天议论的人，通常是找不到自己生命重点的人，倘若我们时刻要去呼应甚至辩解别人的议论，不但会使我们沦于浅薄，甚而会使我们也失去了生命的重点。

不相干的人议论我们，听听就好，过耳随风，当我们一开口应答，就如飞过村落的乌龟，再厚的壳也会跌破呀！

赌饼的夫妻

有一对饥饿的夫妻，偶然得了三个饼。

夫妻俩各自吃了一个饼，剩下了一个饼。

丈夫说："我在外面工作十分辛苦，这个饼应该由我来吃。"

妻子说："不行，我在家里的工作更甚于外面辛苦，这个饼应该我吃。"

两人争了半天，争持不下。这对夫妻向来善好赌气，一赌气的时候，十天半月不讲一句话是常有的事。

于是，夫妻俩商议说："既然我们平常就爱赌气，少言语，这次我们就来赌这个饼吧！谁先开口说话就算输，把饼让给后开口的人吃。"

夫妻俩就坐在客厅里赌饼，两个人望着桌上的那个饼，谁也不敢说话。

过了不久，有一个小偷闯入家里，夫妻俩都默不作声。小偷以为没人在家，就放心地偷东西，把值钱的东西都放进袋子里。

小偷背着袋子要走，穿过客厅时才发现夫妻俩静坐在客厅里。

一开始，小偷大吃一惊，但看到那对夫妻默不作声，胆子就大起来了，想非礼那个妻子。

当小偷动手动脚的时候，妻子实在受不了，大喊：“救命呀！强盗呀！”

小偷吓了一跳，立刻就逃走了。

妻子大骂丈夫：“你这个笨人，为了一个饼，看到小偷偷东西不出声也就罢了，连他侵犯我，你也无动于衷！”

丈夫听了拍手大叫：“你这个女人才笨得可以，这个饼我赢了，一点也不分给你！”

这一对夫妻一样的愚笨，夫妻礼让吃饼是天经地义的事，如果真的相持不下，把饼切成两半不就好了？分吃一个饼虽是小事，但在夫妻生活中，每一件小事都可以见微知著。

在我们的人生里，也有许多时候和最亲爱的人赌气。夫妻、兄弟姐妹、父母子女赌起气来比陌生人还要坚持而惨烈，当然，生命的伤害与损失也就更巨大而难以弥补了。

刻水求钵

从前有一个人乘船过海，不小心把一个银钵落入海中。

那个人就想："我的银钵虽然落入海里，但一定会沉到海底的。我现在没空下海捞银钵，等以后有时间再到海底寻找吧！"

于是，他就在海水上做了记号。为了保险起见，他还将海水的样子画在纸上，安心地到别国去了。

两个月之后，他把事情办完了。有一天在狮子国的河上，看到河水上的记号与他失钵的大海一样，波浪也和他画在纸上的相同，他非常高兴，就跳入河中寻找失去的银钵。

河边的人看他潜下浮上，忙碌异常，忍不住问他："你在捞什么东西呀？"

"我在找从前丢失的一个银钵。"那人探出头来说。

"你是在哪里丢失的？"

"我在大海里丢失的。"

"丢失多久了？"

"两个月了。"

河边的人议论纷纷，大惑不解："你两个月前丢失在大海的银钵，如今怎么会跑到河里来找呢？"

那人又气喘吁吁地浮出水面，说：

“从前丢失银钵的时候，我特地在海面上做了记号，还在纸上画了波浪的形状，现在这条河上，不论是河面的记号和波浪的形状都与当时的一样，我当然在这里找了。”

河边的人听了都大笑起来！

在水上做的记号，刹那间就消失了。

不管在任何时间、任何地点，水的波浪也都没有区别。

在我们的人生里，如果把时间比喻为一条河，我们每天都在失落某些重要的事物，沉入时空的水底，当我们企图在水面上做记号，画下水的波纹，与刻水求钵的愚人又有什么区别呢？

有所遗失、有所获得，就让它去吧！我们的船还要继续航行在大江大洋。

为骆驼剥皮

从前从前，有一个非常勤劳却非常贫穷困苦的人，至于为什么勤劳的人反而那么贫穷，却没有人知道。

这个勤劳的人，也无法了解自己为什么贫穷。但并没有改变他勤劳的本性，到处去打零工维生。

有一小段时间，勤劳的人到一个富翁家做工，富翁很同情他，送给他一只死掉的骆驼。

他高兴得不得了，把骆驼拖回家，心里想着："这骆驼皮非常有价值，应该把它剥下来出售，剩下的肉则留下来慢慢享用。"

勤劳的人拖着骆驼回家时，邻居都跑来看他的骆驼，大家都为他高兴："这样勤劳的人终于得到报偿，卖了骆驼皮后应该可以改善他的生活吧！"

许多人围在他家的门口，观看他为骆驼剥皮。

勤劳的人拿出一把小刀，开始为骆驼剥皮，小刀很快就钝了，他跑上阁楼找到一个磨刀石磨刀。再剥没两下，小刀又钝了，他又跑上阁楼磨刀。又剥没几下，小刀又钝了，他又跑上阁楼磨刀……他就这样跑上跑下，跑得气喘如牛，围观的人也看得眼花缭乱，莫名其妙。

跑了几百趟之后，他已经快要累死了，就动脑筋想："我这样跑上跑下磨刀太累了，恐怕骆驼皮尚未剥好，我已经累死了，我应该想一个解决的方法才对。”

最后，他终于想到一个最好的方法：把骆驼拉到阁楼上，就着磨刀石剥皮。

但是通往阁楼的楼梯太小，他只好用绳索捆绑骆驼，再把骆驼从窗户吊上阁楼，他才放心地自言自语：“这下磨刀就方便多了，不必再跑上跑下。”

有一些感到好奇的邻人，看他把骆驼吊到楼上，忍不住登上阁楼探看。知道他费尽千辛万苦把骆驼悬吊到楼上，是要就着磨刀石磨刀，都感到非常可笑。这时才恍然大悟眼前这个人非常勤劳却非常贫穷的原因。

登山的时候，我想到登山有许多方法，可以坐直升机，可以坐电缆车，可以坐滑竿，也可以走路。

当然，我们还可以倒退着走！

倒退着走也一样能走到山顶，却是最愚笨的方法，就好像剥骆驼皮的人所使用的方法。

在我们的人生里，目标固然是很重要的，但动机与方法一样的重要。

剥骆驼皮的人那么老实、那么勤劳，却又那么可怜，那么值得同情。因此，在鼓励老实和勤劳之余，我们更应学习生活的方法，才能事半功倍，过得轻松自在。

落入坑洞的猎人

有一群人到山上去打猎，其中一个猎人不小心掉进很深的坑洞里，他的右手和双脚都摔断了，只剩一只健全的左手。

坑洞非常深，又很陡峭，地面上的人束手无策，只能在地面喊叫。

幸好，坑洞的壁上长了一些草，那个猎人就用左手撑住洞壁，以嘴巴咬着草，慢慢慢慢慢慢地往上攀爬。

地面上的人就着微光，看不清洞里，只能大声为他加油。

等到看清他身处险境，嘴巴咬着小草攀爬，忍不住议论起来！

“哎呀！像他这样一定爬不上来了。”

“情况真糟，他的手脚都断了呢！”

“对呀！那些小草根本不可能撑住他的身体。”

“真可惜！他如果摔下去死了，留下庞大的家产就无缘享用了。”

“他的老母亲和妻子可怎么办才好！”

落入山洞的猎人实在忍无可忍了，他张开嘴大叫：“你们都给我闭嘴！”

就在他张嘴的刹那，他再度落入坑洞，当他摔到洞底即将死去之前，他听到洞口的人异口同声地说：“我就说嘛！用嘴爬坑洞，是绝对不可能成功的！”

在我们的人生里，落入漆黑陡峭的山洞，是非常不幸的事。更不幸的是，当我们在坑洞里的时候，别人不但没有伸出援手，反而事不关己地议论，却得不到慈爱与关怀。

困境中的慈爱与关怀，可以救人；困境中的议论与批评，只会使人陷入更深的绝境。

因此，当自己面对困境和难关时，不要在意别人的议论，要意志坚强，往上攀爬。

当别人受到挫折和危机时，不要急着议论，要将心比心，学习别人在逆境中的勇气。

当乌龟遇上蜉蝣

一只千年乌龟在森林边的海岸散步，突然听见一阵阵凄厉的哭声。

乌龟寻着声音的来处，缓缓走进森林，它边走边问："是谁在哭泣呀？"

"呜！呜！呜……"哭声从草丛传出来，乌龟找了半天，才看到一只蜉蝣正在掩面悲哀地啼哭。

乌龟忍不住问道："蜉蝣，你发生了什么事？为什么哭得如此伤心呢？"

蜉蝣被乌龟一问，更放声大哭，一面哭一面说："刚刚我的太太死了，我想到下半辈子没有人陪伴，才忍不住伤心呀！"

乌龟听了，笑起来说："你的一生总共才几小时，再过几小时你也会死了，如果真有来生，几小时后就能与你的妻子相会，有什么好伤心呢？"

蜉蝣伤心地说："乌龟兄！你不能因为自己的生命长，就看不起我们生命短的动物，我们的伤痛悲哀并不输给你们。我们一小时的伤心，在质量上，并不输给你们一百年的伤心呀！"

乌龟一听，立刻就知道自己说错话了。确实，在乌龟的眼中，蜉蝣的一生实在短得不能再短，但是蜉蝣的短暂生命和最长的生命一样，也是生、老、病、死、爱别离、怨憎会、求不得、烦恼炽盛的；它痛苦的程度与悲哀的质量，一定不会输给乌龟。

乌龟立刻向蜉蝣道歉："蜉蝣兄，对不起！我错了，请你原谅！我能了解你的伤心，不过，假使你的太太还有知觉，一定不希望你过度伤心，而要珍惜仅存的时光，好好地活下去！"

蜉蝣听了，才逐渐止住了哭泣。

当我第一次接触到"一切众生都有平等的佛性"的观念，使我困惑了很长时间。

那是因为一切众生的差异实在太大了。有的体积那么巨大，有的体积如此渺小；有的寿命那么悠长，有的寿命如此短促；有的性情那么暴戾，有的性情如此温和……

唉！我们要如何才能将鲸鱼与蝼蚁、乌龟与蜉蝣、狮子与白兔等量齐观呢？

但是，如果我们把生命贯注到一个全然的点上面，这个迷惑就会解开了。

狮子与白兔面对死亡时的恐惧，是没有分别的。

乌龟与蜉蝣面对与爱人别离时的悲哀，是同样深刻的。

蓝鲸与蝼蚁得到欲望满足的喜乐，是一样的品质。

那全然的点，若进入更深的核心，正是佛性，一个纯粹无分别的状态。

我觉得，如果我们能常常活在那个全然的点上，就能体贴一切众生的感受，也就能更平等、温柔、细腻地发现自己的心。

小鱼与波浪

一条小鱼浮出水面看蓝天，偶然间遇到了波浪。

小鱼便与波浪在海上游戏，随着波浪起伏上下、汹涌前进。

小鱼在波浪里兴奋得大叫：“你每天都过着这么刺激的生活吗？简直是太棒了。”

波浪说：“岂只是每天过这样刺激的生活，几乎每一刻都这么刺激呀！还有更刺激的，只要潮汐变化、狂风暴雨，那才真是兴奋得心脏都会跳出来！”

小鱼说：“真希望我也变成一个波浪，每天随着风雨、潮汐流动，不知道有多么好！”

在波浪中游戏的小鱼，很快就累了，它对波浪说：“波浪，我想到海底安静安静，你要不要和我一起去呢？”

波浪还来不及回答，就被一个大浪冲到很远的地方，小鱼只好自己潜入海底，静静地休息了。

小鱼每天都上来和波浪游玩，每次都邀请波浪到海底，但波浪总是没有回答，就被冲走了。

这一天，小鱼下定决心要问明原因，它又问波浪说：“我要到海底安静安静，你要不要和我一起去呢？”

问完话，小鱼就紧紧牵着波浪的裙子，被冲到很远的地方。

波浪无奈地说：“我也很想到海里安静一下，可是不行呀！

波浪只能活在海面上浅浅的地方，进了海底就死了。而且，我们波浪是不由自主的，被后面的浪推着前进，一起风，跑得快累死了，潮汐一变，又被拖得全身发颤，真希望我能变成小鱼，潜入深深的海底，休息休息……”

波浪还没说完，突然被一个大浪打到几丈高，小鱼吓得一溜烟钻进平静无波的海里了。

小鱼心里想着：“像波浪这样生活，实在太可怜了，连一刻也不能安静，又不能自主，还是做一条小鱼比较好呀！”

有时候在静心的时候，会看见自己的思、想、意、念像波浪一样起伏汹涌，无法自主。一旦进入了更深的静心，就像一条小鱼潜入深海，平静、悠然和自由。

这使我想到，人的心犹如广大深邃的海洋。如果一个人的心没有得到开启，只停留在思、想、意、念的表面，生活就如同海上的波浪，虽然刺激，却不能自主；虽然热闹，却很浮面；虽然多变，却无法安顿。

像波浪一样浮面而永不止息的生活是深可叹息的，人应该过更深刻的心灵生活，人应该有更多的空间静心，人应该在意志上更自由自主。

假如有深刻的心灵生活、更多的静心空间、活得更有自主的尊严和自由的态度，即使做一条小鱼，也比表面上热闹汹涌、状似开阔的波浪好得多了。

这大概就是禅宗说的“高高山顶立、深深海底行”的寓意吧！

神猪

在做醮的节庆里，有一个献祭猪公的比赛，每一头为神明献祭的猪公都被养得十分巨大，最小的一头也有两百多斤。

猪公的嘴里都咬着橘子或凤梨，摆在高高的台子上，准备称斤论两，选出最重的一头，受封为神猪。

养猪的人则在台子下，讨论着如何养一头神猪，有的说："我有独特的食物配方，才有办法把它养这么大。"

有的说："我每天给它吃十五个苹果，早、中、晚各吃五个。"

有的说："我早晚都给它按摩。"

有的说："我夏天给它吹电扇，冬天给它烘暖炉。"

总之，这些养猪户为了把猪养得比别人的猪巨大，使出了各种方法。

一个孩子站在台子边聆听，忍不住问道："你们要把猪养这么肥，有没有经过它的同意呢？"

养猪户听到，都傻了。

一个养猪户说："小朋友，这些猪在猪里算是最好命的，不但活着的时候，吃得好、睡得好，被伺候得很好，死了还可以上天堂呢！"

孩子问说："为什么它可以上天堂呢？"

另一个养猪户说："因为在敬神的时候，被杀来献祭的动物都叫‘牺牲’，都一定会上天堂，而且灵魂会直接到天堂去。祭拜之后，把它的肉分给大家，吃到的人就是吃到神的食物，都会很有福气的。”

孩子又问：“献祭的动物，死了会上天堂是确定的事吗？”

养猪户同声地说：“当然是确定的，从古到今都是这样说的。”

孩子说：“这些猪也许不是那么想上天堂，只有人会想上天堂，如果确定在做醮时献祭就可以上天堂，你们为什么不杀掉自己的父母呢？你们为什么不杀掉自己的孩子呢？你们为什么不自杀，然后趴在高台上呢？这样，你们醒来就会在天堂里呀！”

养猪户面面相觑，一句话也说不出来。

在我年幼的时候，经常遇到做醮的场面，有一个景象使我难忘、恐惧而又震撼。

那个景象就是一排大猪公全被开膛破肚，架在木椅上，嘴里各塞了一个大橘子，猪公的毛全被拔光了，身上盖满了红色的印章。

最可怕的是得冠军的猪公，嘴里咬着凤梨，眼中塞着会亮的灯泡，脖子上挂着许多金牌和彩带，身上盖满鲜红的印章……那冠军的猪公少则七八百斤重，多则上千斤，肥满而诡异。

当大人告诉我，被杀的猪公可以上天堂，吃到它的肉可以得到保佑，一点也不能减少我的恐怖之心，上天堂或得保佑，也使我充满了疑惑。

至今，我仍深深地感觉，比赛猪公和杀猪公，是台湾民俗里最残忍的一章。

五万里外猴子落水

有一个喜欢算命的人，每遇到生命的难题，就会求助于算命师，特别是相信号称有神通的算命师。

他有一个十六岁的孩子非常有智慧，时常告诉父亲："神通是神秘的弟弟，神经的哥哥，他们总是三个人一起出来的。"可惜父亲总是不信他的话。

这个十六岁的少年经常勘破那些假神通者的真面目，例如吃饭时问"你这碗饭中有几粒米呢？"，或者"炒菜的油是大豆油？蔬菜油？还是葵花油？"，问得假神通者惊慌失措。

"算命师中最厉害的莫过于神通，但神通的人连最简单的问题都不知道，如何能解答人生中那些复杂难解的问题呢？"少年对父亲说。父亲却见远不见近，不肯相信自己的儿子会有很高的智慧。

有一天，父亲到远方的城市请来一位号称大神通的人，对儿子说："如果你能考倒这位大神通的人，以后我就听你的话。"

他们在家里宴请这位"大神通者"。

"大神通者"才坐下来不久，就突然捂着嘴笑了。

少年问他："您笑什么呢？"

"我刚刚无意间看到五万里外有一座山，山下有一条河，河边有一棵树，一只树上的猴子突然掉到河里，姿势非常好笑，所以笑了。”“大神通者”说。

少年知道他是假冒的，却不说破。等到吃饭的时候，他为“大神通者”盛了一盘饭菜，菜全部埋在饭下，其他人的盘子则下面是饭，上面铺满了菜肴。

大家都在吃的时候，只有“大神通者”不肯吃。

少年问说：“先生为什么不吃饭呢？”

“大神通者”说：“你们这不是明明看不起我吗？大家的盘里都有菜，为什么我的盘里只有饭呢？”

少年说：“唉呀！您看得见五万里外树上的猴子落水，怎么看不见您眼前的饭下面埋着丰盛的菜呢？”

大家都忍不住笑起来，“大神通者”也羞愧地逃走了。

在不能解脱的困境里，人往往会求助于佛、上帝或神明，这是无可厚非的。

但是，诸神并不是有形的存在，许多人就会转而求神通，让一些号称有神通的人化解生命的困境。

我从前也认识一些号称神通的人，他们对遥远的前世似乎知之甚详，对不可知的未来也断定无疑，可叹的是，那些号称通神的人，常常连自己生命的困境也不能解决。

因此，在面对生命困境时，最好的方法就是回到眼前的生活，只要专心一志地工作、吃饭、喝茶、穿衣，往往就能度过眼前的难关。

爱讲话的头颅

刘言是个爱讲话的人。

有一天，他路过一座森林，突然听见有人在自言自语，他大吃一惊，四下寻找，终于在一棵大树下找到一个头颅，已经化成白骨了，还喋喋不休。

刘言虽然不敢相信，定了定神，还是过去和那个头颅说话："头颅先生，你是怎么跑到森林里来的？"

"是爱讲话把我带到这里的！"头颅回答说。

然后，刘言和那个头颅在森林里聊了一会儿，当他走出森林后，非常兴奋，到处告诉别人："我在森林里遇到一个头颅，已经变成白骨了，还会说话。"

当然没有一个人相信他，大家都骂他："神经病！头颅怎么会说话呢？"

找不到相信他的人，于是他到处宣称："我在森林里看到这个世界最大的奇迹，可以媲美耶稣复活！"

有人把刘言看到奇迹的事传入都城，最后传入宫殿，引起了国王的好奇："什么奇迹可以媲美耶稣复活呢？"

国王把刘言召入宫殿，叫他说明看到了什么奇迹。

刘言说："陛下，我在森林里遇到一个头颅，他竟然还会说话！说不定陛下可以去问他关于前世今生或者治国的事。"

国王听了，非常好奇，就率领大批人马，随刘言到森林找那个头颅，很快就找到了树下的头颅。

刘言迫不及待地问头颅："头颅先生，你是怎么跑到森林里来的？"国王和随从满怀期待地等头颅说话，但头颅却沉默不语。

刘言着急了，一而再，再而三地问。

头颅依然沉默无言。

所有跟来的人，全部仰头看着国王，忍住笑，让国王觉得自己是一个白痴、一个傻瓜、一个笨蛋！

国王生气地说："我本来就不相信头颅会说话，你以为做国王的会这么笨吗？我只是要拆穿你这个骗子。你欺蒙本王、蛊惑人心，一定要为此付出代价！"

国王命令侍卫在树下行刑，砍了刘言的头，并将他的头颅丢在原来的头颅旁边。

等到国王和大批人马离开之后。

原来的那头颅突然开口，他问刘言的头颅说："头颅先生，你是怎么跑到森林里来的？"

刘言的头颅回答说："是爱讲话把我带到这里的！"

我们对这个世界总是喋喋不休的，在街头、在饭店、在咖啡馆、在电视、在广播……只要我们用心谛听，大家都是喋喋不休的，大人物向小人物喊话，小人物向大人物耳语，到处都流动着无聊的语言，时时刻刻都有新的"刘言"。

所谓的资讯，只是不断地制造和改换，纠正与澄清罢了。

我喜欢一个寓言：有三个修行者在山上打坐，发誓不管看到什么，都不能说话。

突然有一匹马跑过去。

第一个修行者忍了一年，终于忍不住地说："一年前有一匹白马跑过去！"

第二个修行者又忍了一年，才纠正他："两年前跑过去的那匹马是黑色的。"

第三个修行者又忍了一年，权威地说："你们都错了，三年前跑过去的那匹马是灰色的！"

三年的时间就这样过去了，他们花了三年的时间，只为了一匹偶然的、不相干的跑过森林的马。其实，那匹马是黑色、白色或灰色对一个人的心智有什么启示呢？

我们的街谈巷议也无非是这样的。

所以，人，需要更多的沉默。

唯有身心都处在深沉的默然，才能够静心，当静心发生的时刻，再回头看世界，才会看见这个世界是多么花言巧语、巧言令色呀！

阿西种甘蔗

从前有两个农夫，一个叫阿东，一个叫阿西，他们都以种甘蔗为生，两人的田地又紧邻着，只隔着一条田埂。

但是，他们都看对方的甘蔗田不顺眼，常常叨念着："种那是什么甘蔗嘛！又瘦又短，蔗节又多，还是我自己种的甘蔗最好。"

有一年，甘蔗收成的时候，他们又在田里相遇了。阿西嘲讽地说："有的人种了几十年的甘蔗，也还是不会种甘蔗，真是可怜呀！"

阿东冷笑地回应："是呀！是呀！那种人的田正好在西边，甘蔗如果有知觉，就会觉得长在他的田里太可怜了，所以，你看，那在西边田里的甘蔗，正往东边倾斜着呢！"

两人你一言我一语，就在田里吵开了，他们都认为自己的甘蔗种得好，互不相让。

最后，两人就赌咒起来，阿西说："我们这样争吵，也不会有结果，这样好了，从现在起，我们比赛种甘蔗，待明年收成时，找公正的人来评判。种输的人，就把甘蔗田送给对方，你敢不敢？"

阿东说："有什么不敢，谁怕谁呀！"

当年收成之后，他们开始比赛种甘蔗。阿东心想："我平常就努力种甘蔗了，我的甘蔗也种得很好，只要像往日一样，就不会输了。”

阿西可不这样想，他一直烦恼着：“那死阿东的甘蔗确实种得比我好，我只是逞强好胜罢了！今后我一定要出奇招种甘蔗，明年才会赢他。甘蔗是很甜的植物，一定很爱甜，如果我把甘蔗压汁来当肥料，必定能种出甜上加甜的甘蔗。至于阿东那边，我就把粪便屎尿都倒在他的田里，咸死臭死他的甘蔗，嘿嘿！我赢定了。”

阿西到市场买了许多甘蔗汁浇灌自己的甘蔗田，又搜集了许多屎尿浇灌阿东的田。

一年很快过去了，根本用不着公正的人评判，阿西的甘蔗早就烂死在田里，阿东的甘蔗却因大量的施肥长得又高壮又甜美。

阿西把祖先留下的甘蔗田都输掉了。

有一段时间，我一直思考着：为什么佛教要把莲花当成是象征之花呢？除了清净、细腻、柔软、坚韧、芳香的五德之外一定还有什么更深的寓意吧！

后来读到经典上说：“高原陆地，不生莲花；卑湿污泥，才生此花。”有如醍醐灌顶，原来是因为莲花有转化的特质，即使处在最烂污的泥潭，也能化为养料，开出最美丽的花。

智慧与慈悲是人迈向更高境界的双足，也是佛法的两翼。若以莲花为象征，只要有转化的特质，智慧的莲花正是开在烦恼的泥沼上，慈悲的花则是开在苦难的浊水中。只要能转化，坎坷的路途也会走向美好的终站。

人间甜美的果实也是如此，只要能坚持像甘蔗一样甜美的本质，纵是屎尿淋身，也会长出最好的甘蔗呀！只要心里长着莲花的愿望，终能在五浊世间，开出美丽的花。

天上落下来的袈裟

有一个猎人，带着十条猎狗，起了个大早，要到山上打猎。

才出家门不久，就遇到一位出家的比丘化缘，他认为这是不祥的预兆，心里十分不开心。他想着："出家人是守戒律的。古代的人说，凡是从事杀、盗、淫、赌的人遇见比丘会倒霉的，这种说法一定有道理。我今天如果没有猎到任何动物，完全是遇到这个讨厌比丘的缘故呀！"

猎人闷闷不乐地上山打猎，果然，那天看到的动物很少，偶然见着一两只，也立刻兔脱了。他一面打猎，一面叨念着："都是那个比丘害的，都是那个比丘害的！"

那天，猎人奔来跑去，累得半死，却什么动物也没有猎到。他像是一颗灌饱了气的气球，胀得快要爆炸了。

回家的路上，他正巧又遇见同一位比丘，化缘结束要回到郊外的寺院。猎人的愤怒立刻就爆炸了，他指挥十条猎狗去攻击比丘，他说："只要穿着黄色袈裟的就是你们的猎物，咬死他！咬死他！"

猎狗像箭一样地冲向比丘，比丘机敏地向树林里逃窜，很快地爬上一棵大树躲避，疯狂的猎狗在树下吠叫，"快把那穿黄色袈裟的猎物给我咬下来。"猎人一面叫，一面生气地跑到树下。

猎人拔出背上的一支弓箭，用弓箭头去刺比丘的脚底。比丘只有拼命地爬上树梢，用双手抓住树的最高处，没想到身上的袈裟却滑了下来，猎人叫着:“快咬死这个穿黄色袈裟的人！”说时迟，那时快，那件黄色袈裟正好罩在猎人的身上。

十条猎狗以为比丘从树上跌落，飞快地扑过去，疯狂地乱咬。

比丘赶紧折一截干树枝，掷向猎狗，那群猎狗才发现攻击的竟是自己的主人，因此四处逃窜。

猎狗跑光了，比丘从树上下来，才发现猎人已经被自己的猎狗咬死了。自始至终，比丘都不清楚猎人为什么要放狗咬他。

有一年，我到香港巡回演讲，顺便去拜访了几个寺院和精舍，听出家的法师谈起，在香港弘扬佛法的不易。

最重要的原因是，香港人好赌，赌狗、赌马、打麻将。赌博的人一直认为，只要看见出家的法师，当天一定会输钱；若不输钱，也会倒霉。“所以，早年的香港人出门打牌，如果遇到出家人，还会向出家人吐痰，表示祛除晦气呢！”一个法师说。

我说：“打牌输钱，只能怪自己牌技不精或运气不佳，怎么可以怪师父呢？”

同样的道理，听说好赌的人怕读书、也怕老师，还怕看见老鼠，对一个心灵脆弱的赌徒，光是“书、师、鼠、输”的谐音，就会令他们心灵崩溃了。

很少人想到：输和赢都是在自己身上。

社会不也是这样吗？那些为非作歹的恶徒，在伏法的时候，总会怪罪出自问题的家庭、没有父母的关爱、老师未曾好好教导、社会未给予公平的对待……很少有人想到，这是“自作自受”呀！

因为生长在同样家庭、面对同社会的人，成功者也大有人在。

袈裟不会从天上掉下来，人生里的罪恶之花或美好的果实，也都是自作自受，不会从天上掉下来。

送泉水的里程

从前有一个村落，距离皇宫有五十里路，这个村落里有一眼泉水，终年涌出又清澈又甘美的泉水。

国王喝过这眼泉水一次以后，从此不喝其他的水，并且规定村里的人要轮流每天给国王送水。

村里本来人口就不多，一旦轮到送水，来回就要走一百里路，长期下来，人人都疲累不堪。有的人就搬到别村去住，有的人就悄悄逃离这个村庄。

挑水的人日渐减少，村长也着急得不得了，只好跑去向国王报告："因为挑水给国王太辛苦了，所以村民纷纷搬到别的地方居住，再这样下去，以后恐怕没有人给国王送水了。"

国王说："那么，你有什么好的建议吗？"

村长说："既然村里的人嫌五十里路太远，不如国王把村落到皇宫的里程改为三十里，这样大家觉得距离缩短，就乐意送水了。"

国王于是下令，国中其他的里程一如旧制，只有皇宫到水村的路从五十里改为三十里。

村长带回国王的命令，向村民宣布："请大家不要再离开了。从今以后，到皇宫只有三十里路，路途缩短，大家不用像从前那么疲惫了。"

村民听了，都非常欢喜，到皇宫的路走起来果然比从前轻松了。

带孩子到超市买东西，他一下子要买小熊维尼的饼干，一下子要买口袋怪兽的饼干，一下子要买 Kitty 猫的饼干……

我不知道要如何向孩子解释，其实所有的饼干都是面粉、糖、盐制造，成分是一样的，说不定有一些不同的饼干来自同一团面粉，但即使是这么简单的道理，也很难说得清。现在如此，将来孩子买饼干，还是会挑选那正在流行的卡通人物。

不只饼干如此，对不同品牌的矿泉水，我们要如何分辨呢？对不同包装的泡面，我们又怎么知道它的内容呢？有一个泡面业的朋友告诉我，只有极少数畅销的速食面不用换名字，一般的速食面每半年就会换包装、换名字，只有内容物是不换的，说也奇怪，每次换了名字，生意就会好一阵子。

我们看为国王挑水的村民是多么愚痴，但在现实生活里我们不也一样的愚痴吗？我们重视名相和外表，远远胜过真实和体验，所以，面对一个琳琅满目、重视外在包装的世界，要做一个重视真相、体验深刻的人，有时候连国王的话也不可轻信！

婆婆升天

从前有一个妇人，本性非常贪婪，她嫁了一个老实的丈夫，什么事都由她主掌。

这个妇人还是感到不称心，因为丈夫的母亲与他们同住。婆婆是个明理的人，有时候不准她做这做那，妇人在心里一直盘算着怎么除去婆婆。

有一天，她想了一个奸诈的计谋。

从那一天开始，她非常孝顺婆婆，在物质上朝夕供养，一丝一毫也不短少；在精神上，礼数周到，一点一滴细腻体贴。不只婆婆感到很欢喜，丈夫更为感动，常常对她说：

“你真是孝顺的媳妇，我的母亲年老了，以后的日子都靠你了。”

妇人说：“这不算什么！我如今所做的供养只是世间的供养，如果能做到像天上的供养，我的孝心才算达到。你听过别人谈到如何升天的妙法吗？”

丈夫说：“我倒是没听过什么升天的妙法！”

妇人说：“我听过婆罗门的学说，如果把一个人放在火坑上，由于五种热气焚烧，人就可以升天。如果我们用这种方法让婆婆升天，受到天上的供养，不知道要比在人间好多少倍呢！”

丈夫听信了她的话，在田野里挖了一个大火坑，坑里堆了许多柴火，准备把母亲推入坑里焚烧。

为了焚烧母亲的升天典礼，夫妻就在火坑旁边设了宴会，让母亲坐在上座，邀请了许多亲戚朋友，唱歌跳舞，庆祝了一整天。到天黑的时候，夫妻在众人面前，将母亲推入火坑，大家才尽欢而散。

坠入火坑的老母亲，没有直接跌入火里，而是落在火坑边的石板上，她攀着石板爬出火坑，就摸黑走夜路回家。路过一片丛林，听到虎狼的叫声，因为害怕，就爬上一棵大树躲藏，等天亮的时候再走。

这时候，一群强盗抢了许多金银财宝，到大树下休息。老母亲很害怕，忍住不敢动弹，到最后克制不住，猛然咳了一声！强盗突然听见这么大的咳嗽声，以为遇到了恶鬼，一哄而散，四处奔逃，金银财宝也顾不得拿了。

等到天亮，老母亲悄悄爬下树，把强盗留下的金银财宝背着，慢慢地走回家去。

夫妇俩见到老母亲回来，都大吃一惊，以为母亲变成厉鬼回家了，不敢靠近母亲。

“我孝顺的儿子和贤慧的媳妇呀！你们不用害怕，自从你们把我推入火坑，我就升天了，天上不但非常好玩，人也都很良善，金银珍宝更是满坑满谷。”母亲将背袋里的宝物一骨脑儿地全倒在地上说，“贤媳呀！这是你死去的父母姑姨叫我带来给你的。他们托我带的比这多好几倍，我年纪大了，背不动了，他们托我来叫你，把所有的金银财宝背回来。”

媳妇听了老母亲的话，兴奋难耐，就对丈夫说：“婆婆昨天才跳火坑，今天就得这么多财宝，可惜婆婆力气太小，背得还是太少，如果我去的话，一定会背很多回来。你赶快再帮我办一个和婆婆一模一样的升天大典吧！”

丈夫也信以为真，就在焚烧老母亲的火坑里又堆了柴火，让妻子坐了上座，邀请了亲戚朋友，唱歌跳舞，庆祝了一整天。

妇人容光焕发，欢喜异常，等不到天黑，她就笑着，跳入了火坑。

这是《杂宝藏经》里的一个故事，我一直认为是非常好的警世寓言。这种故事不只是古代才有，到了现代，我们也常看见为了谋夺父母的财产，而丧尽天良的事。

我觉得，一般人总是把“人类”和“野兽”区分开来，忘记人也是兽的一种。人与兽最大的分野，是人有很深的智谋，善的时候，胜过野兽百倍；恶的时候，则是野兽的千万倍。

作为人，使我们感到惭愧的是，看到比野兽更坏的人；使我们感到庆幸的是，看到野兽不如我们的部分。

人与兽最大的分别，追本溯源，就是对父母的孝养，连父母都不能孝养的人，也就没有什么好说了。

这也可以当成我们选择朋友的第一个条件，我不相信一个不孝的人，会对夫妻、子女、朋友有多么深的情义呀！

先知的婆罗门

从前有一个婆罗门老道，自称上知天文、下通地理，星相算命、无所不通，常常到处吹嘘自己有神通，能知道过去与未来的事。

但是吹嘘的日子，不久就会被看穿了，于是他时常到处迁居，欺骗外地的人。

有一天，老道迁居到一个新的地方，每天都抱着自己的孩子在街头、在市场、在人多的地方伤心哭泣。

围观的人忍不住问他："你是什么人？为什么抱着孩子在这里哭得这么伤心呢？"

老道说："我是能知道过去和未来的婆罗门，我抱的是自己的儿子，根据我的神算，这孩子七天之后一定会死，我想到自己即将失去独子，所以伤心哭泣呀！"

旁人就劝他说："人命什么时候结束是很难测知的，何况你的神算不一定会准，也许七天后你儿子不一定会死，何必预先哭泣呢？死的时候再哭也不迟！"

婆罗门老道斩钉截铁地说："太阳和月亮有阴暗的时候，星星也会有落下的时候，我的神算是绝对不会错的。不然，你们七天后来看看就知道了。"

到第七天，婆罗门用棉被闷死自己的儿子，抱着尸体到街头哀哭："你们看！我的孩子昨天夜里无缘无故就死去了。"

围观的人大为惊叹，说：“他真是活神仙呀！他的儿子真的活不过七天，他的预言完全正确！”

大家纷纷地求教他，并给他丰厚的供养。

但是婆罗门并不满足，过了几天，他爬上城门附近的一棵大树，像蝙蝠一样倒挂在树上，然后不停地大叫：“给我一百头牛，给我一万块钱，再给我一个女仆，如果你们不照我的话做，我会从树上摔下去死掉，到时候，整座城就会毁灭了！”

有一些无知的人就答应他的勒索，并恳求他从树上下来，不要伤害无辜。

这样每隔一阵子，婆罗门就爬上树倒吊，要求别人给他供养。有一天，他一不小心掉了下来，就摔死了。

城市并没有毁灭，城里的人才恍然大悟：“这婆罗门老道连自己会掉下树都算不准，哪有什么能力呢？”

地震过后，有一位朋友问我：

“台湾不是很迷信星座、命理、风水，还有许多自称有神通的人，为什么这一次集集大地震，没有一个人预先算出来呢？”

问得我哑口无言。

是呀！如果只能算一些芝麻绿豆的小事，这么多人的生死大事却一无所见，这算是什么能耐呢？反过来想，这些以天机天命为业的人，若连舆薪都无所见，又怎么能见到个人的秋毫之末呢？

命卜不可尽信，特别是对活在悲情和困境中的人，更应该珍惜如实的现在生活，现在已未可全知，何况是未来呢？

第三章　心灵的眼睛

如果，眼盲的人有心灵的眼睛，在看世间的时候，会看得比明眼人更深刻。

心灵的眼睛

从前从前，有一对夫妻，容貌都长得非常美，气质与风度也都远远超过一般人。他们有很好的性情，因此非常相爱相敬。

由于他们的外表这么不凡，他们常常整天对坐，互望着对方，经过了很多年，都不感到厌倦。

有一天，不幸降临在他们身上，夫妻两人相继得了眼病，很快就失明了。

丈夫再也看不到妻子，妻子再也看不到丈夫，这使两人都深感痛苦和恐慌，丈夫就想：

“我的妻子容貌如此娇美，我又看不见，很可能被别的男人夺去，我要好好守着她才行。”

妻子的想法也和丈夫一样，她心想：

“我的丈夫如此俊秀，虽然眼睛瞎了，一定会有很多女人迷恋他，我又看不见，要好好守着他才好。”

两个人都害怕失去对方，于是互相紧紧跟随，一刻也不敢离开，但是因为看不见，心中生起越来越多的怀疑。

这样，整整过了二十年。

有一位远方的名医路过这个城镇，碰巧遇到这对夫妻，名医为他们施药诊治，使他们的眼睛都复明了。

夫妻俩见到对方时，同时惊叫起来，丈夫说：“你是谁？你并不是我美丽的妻子。”

妻子说：“你不是我的丈夫，我丈夫多么俊秀，并不是像你这样的糟老头。”

由于他们的心中都保留着美好的记忆，反而无法接受眼前的事实，任旁边的人如何劝说，他们都不肯再做夫妻了。

每天早晨在阳台上深呼吸的时候，我都会感恩自己有一双健康的眼睛，能看到蓝色的天空、洁白的云朵、鲜明的绿树，即使是如此简单的事，都是非常的恩赐。

但是，我会想到，眼睛不只是用来看美丽的人和美丽的景物。

因为美丽的人会变老，美丽的景物会变化。

眼睛，要用来看更真实、更深入的内在。

眼睛，应该看见互相的爱与了解，这样就不怕看见丑和老。

眼睛，应该看见信任和体贴，这样就不怕看见表面的改变。

心灵有好眼睛的人，才能看见人间的本质。

如果，眼盲的人有心灵的眼睛，在看世间的时候，会看得比明眼人更深刻。

寻找完美的老人

在远方的城市里，来了一个老人。

这老人一看就知道是来自远地的旅人，因为他背着一个老旧残破的包袱，他的脸上布满了风霜，他的鞋子因为长期的行脚，破了好几个洞。

老人的外表虽然狼狈，却有一双炯炯有神的眼睛，不论是行走或躺卧，他总是仔细地、专注地观察着来来往往的人。

老人的形貌与双眼组合成一个无法平衡的画面，吸引了所有人的目光，人们窃窃私语：这不只是普通的旅人，他一定也是一个特殊的寻找者！

但是，老人到底在寻找什么呢？

一些好奇的年轻人忍不住问他："您究竟在寻找什么呢？"

老人说："我像你们这个年纪的时候，就发誓要寻找到一个完美的女人，娶她为妻。于是我从自己的家乡开始寻找，一个城市又一个城市，一个村落又一个村落，但一直到现在都没有找到一个完美的女人。"

"您找了多久的时间呢？"一个年轻人问道。

"找了六十多年了。"老人说。

"难道六十多年来都没有找到过完美的女人吗？会不会这个世界上根本就没有完美的女人呢？那您不是找到死也找不到吗？"

“有的！这个世界上真的有完美的女人，我在三十年前曾经找到过。”老人斩钉截铁地说。

“那么，您为什么不娶她为妻呢？”

“在三十年前的一个清晨，我真的遇到了一个最完美的女人。她的身上散发出非凡的光彩，就好像仙女下凡一般，她温柔而善解，她细腻而体贴，她善良而纯净，她天真而庄严，她……”

老人边说，边陷进深深的回忆里。

年轻人更着急了：“那么，您为何不娶她为妻呢？”

老人忧伤地流下眼泪：“我立刻就向她求婚了，但是她不肯嫁给我。”

“为什么？为什么？”

“因为，因为她也在寻找这个世界上最完美的男人呀！”

有一天在吃早餐的时候，我想到：同样吃着早餐的人，却有着完全不同的上午。

诗人吃了食物，化成诗，感觉世界。

画家吃了食物，变成画，美化人生。

相爱的人吃了食物，更充满了爱。

仇恨的人吃了食物，全化为仇恨。

我们吃的食物可能是大同小异的，但是我们却有完全不同的心，导致完全不同的人生。

因为人是如此的不同，所以这世界没有终极完美的人。在不完美的人眼中，不可能看见完美的人或完美的世界。

每一个人都是一面镜子，照出我们内心的感受；每一件事物都是一面镜子，照出我们对事物的渴求；每一天都是一面镜子，照出我们人生一段重要的过程。

镜子如果不够明亮，就照不出莲花美丽的模样。

寻找完美的人，不如擦亮自己的镜子。

在镜子擦亮的时候就会看见，这世界，早就如此深刻、如此完美、如此全然了！

圣人的窗户

从前有一位圣人，深深感觉到欲望的可怕，于是弃绝尘世在深山修行。他在深山修行了几十年，自己宣称已经断绝了人间的一切情欲，因此，大家尊称他为“圣人”。

有一天，他带着弟子从山上到城市，在过街的时候突然看见一个美丽无匹的女人，美到无法用诗句来形容。

就在那一刻，圣人迷失了。他在心里升起了巨大的热情，像狂风暴雨一样的倾慕，像雷霆闪电一样的迷恋，他疯狂地想要离开弟子去追随那美丽的女人，他内心的情欲如火山般爆发了。

毕竟他还是一个圣人，在顷刻间，他察觉到自己火热的情欲，立刻收敛自己，带着弟子踉踉跄跄地过街了。

弟子看到老师的失态，内心升起了很大的疑惑。

圣人带着弟子回到山上的茅屋，对弟子说：“成道之路是艰困的，如果有任何东西扰乱我们的成道，就要毁灭它。今天，我的眼睛害我差一点误入歧途，因此，我要摧毁它！”

当着弟子的面，圣人用双手把自己的眼睛挖出来。

眼睛怎么可能让我们误入歧途呢？

让我们误入歧途的是我们的心。

心和眼睛的关系就像房子和窗户。当我们倾慕、迷恋、执着时，重要的不是打破窗户或封闭窗户，而是要看清自己的迷乱，使自己看得更细腻、更清明。

就像我们走进一个花园，会看见许多不同的绿。一般人看到十几种绿就很了不起了，一个细腻的画家，却可能看出上百种不同的绿。

在同样的花园里，用心看，而不只用眼睛看，就能看出更细微、更深沉的美。

怎样才能不只用眼睛和欲望看世界呢？就是要留一只心眼向内观照，观察自己的心、自己的意念、自己的想法。

能静心的人，眼睛就会优美，会看到一切都赏心悦目，而不会踉跄过街。

欲望的衬衫

一位城市里非常非常有钱的富豪，却感到非常非常不快乐。

有一天，他坐在繁花盛开的花园里，突然想到："为什么我这么有钱却这么不快乐呢？人家不是说有钱就会快乐吗？如果有钱却不快乐，钱财又有何用呢？我愿意把所有的钱财和人换一帖快乐的秘方呀！"

于是，他开始问人："哪里可以买到快乐的秘方？"

别人就告诉他，在远方的城市里有一个智者，叫快乐大师，说不定可以向他买到一帖快乐的秘方。

有钱人就带了一大笔钱，到远方的城市找到快乐大师，要向他买一帖快乐的秘方。

快乐大师说："快乐秘方是用钱买不到的，但是我可以送你一帖秘方。你只要找到这个世界上最快乐的人，借他的衬衫来穿五分钟，你就会变成一个快乐的人。"

有钱人听了开心极了，因为他没想到快乐的秘方如此简单，而且是不用钱的。

他出发去寻找这个世界上最快乐的人。

每遇到一个人，他就会问："你快乐吗？"

大部分人都迟疑了一下，摇摇头；只有少数人不确定地点点头。有钱人这时才发现世界上快乐的人实在太少了，遇到那些自称快乐的人，他就会接着问：

“那么，你是不是这个世界上最快乐的人呢？”

接下来，往往是一个令人伤心的答案：“不是！我虽然感到快乐，却也有痛苦、烦恼、忧伤、无奈的时刻，我的快乐不是那么纯然的！”

“你不是我要找的人。”

有钱人又继续出发去寻找世界上最快乐的人。

他越过无数的山林和河流，走过许多的城市和乡村，问过遇到的每一个人，却没有找到世界上最快乐的人。许多年过去了，他的步履日益沉重，心情十分忧伤，心里想着：“我这辈子，恐怕找不到世界上最快乐的人了。”

突然，他听到森林旁边传来阵阵欢乐的歌声，他对自己说：“希望这里面有世界上最快乐的人，如果没有，就让我死在森林吧！”

他跑到森林旁边，看到一群年轻人正在高声欢唱，迫不及待地问：“你快乐吗？”

“快乐！”年轻人齐声说。

“那么，你们是不是世界上最快乐的人呢？”

年轻人停下歌唱，都摇头了，因为他们正是透过歌声来掩饰内心的空虚，暂时解脱生命的烦恼。

有钱人看到这么快乐的年轻人都摇头了，大叫一声“天亡我也”，就昏死过去了！

年轻人大吃一惊，不明白为什么这人问了两个问题就昏死过去，赶紧把他救醒，问明原委。

有钱人掩面痛哭起来，说："我是一个非常有钱的人，却很不快乐。一个有智慧的人给我一帖快乐的秘方，就是去找到世界上最快乐的人，借他的衬衫来穿五分钟。可是，我走过千万里，花了三十年的时间，却找不到世界上最快乐的人。这一辈子，我的快乐已经无望了。"

年轻人说："原来如此，那你找对方向了，这个森林的深处，据说就住了一位世界上最快乐的人呢！"

有钱人听了，立刻跳起来，冲进森林。果然，在森林的深处，有一个人坐在那里，脸上带着深远而平和的微笑，全身都沐浴在快乐的光晕中。

有钱人着急地问："您就是传说中的那个世界上最快乐的人吗？"

那人点头，微笑。

"拜托！拜托！请您把身上的衬衫脱下来，借我穿五分钟，有一个快乐大师告诉我，只要穿五分钟您的衬衫，就会和您一样快乐呀！"

那人用低沉的声音说："你没看到我是不穿衬衫的吗？"

有钱人这时才惊觉到，眼前这位传说中世界上最快乐的人，是赤身裸体的，什么也没有穿，更甭说是衬衫了。他悟道：其实，快乐的秘方就是脱去欲望的束缚，只要心中还有欲望，就无法得到纯然的快乐。

有钱人开心地大笑，把身上的衣服一件一件脱去，脱到一丝不挂，从此，和世界上最快乐的人生活在森林里。

传说，那片森林深处，住着两位世界上最快乐的人，一直到现在，还住在那里。

佛陀在《法句经》里说：

“一无所求，对欲望所在之处，不发一语。”

意思是说，人要知足，对于欲望的追求不起心动念，唯有如此，才能活在宁静与喜悦之中。

欲望是永远不会满足的，这是人会痛苦的根源，所以，寻找快乐的秘方，就是减少欲望。

欲望减轻了，人就会有更多的时间，探察自己内在的宝藏；欲望减轻了，人就会有更多的空间思维、放松、觉醒。

欲望的占有越小，自由的空间越大。

唯有无欲的人，才有终极的快乐。

但终极的快乐如此难求，脱到一丝不挂也非我所能，只要能脱下大衣、卸下束缚，就很好了。

系好你的牛

师父带着一个弟子，各自骑一头牛，到外地去参访。

到了晚上，他们抵达一个客栈，师父把牛交给弟子照料，自己先进去休息了。

弟子在客栈外面的院子，做着例行的晚课：诵经和祈祷，然后面对天空礼拜：

“菩萨呀，请您照顾好我的牛！”

他一连礼拜了三次，才放心地进客栈休息。

第二天清晨，要出发的时候，师父发现牛不见了，问弟子：“我们的牛呢？”

弟子看看院子，发现牛真的不见了，对师父说：

“关于这个问题，您应该问问菩萨。因为我昨天晚上把牛交给菩萨，请菩萨帮忙照顾，而且我一连礼拜了三次，每次都非常虔诚，您不是教我要信任菩萨吗？”

师父很生气地说：“我教你要信任菩萨，但是你要先信任自己，要用你自己的手系好你的牛。因为菩萨除了你的手，并没有其他的手；除了你的眼，菩萨也没有其他的眼；那千手千眼里，既有你的手，也有你的眼。”

在面对生命的困境和磨难时，我们经常问的是：“为什么不是别人，而是我？”“这个世界还有一点公平吗？”“佛、上帝、神明难道都没有眼睛吗？怎么会让我有这样的遭遇？”

问了千百遍，也不会有回声。

那是因为除了我的手，没有其他的手；除了我的眼，也没有其他的眼。菩萨是活在我们的心中，所以通达我们的手眼。

当然，系好的牛也可能走失，但因曾努力地系好，就能减少生命的遗憾。

我们的心也像狂放的牛，要预防走失，就要好好系着。

口里吐出的珍珠

有人远从南海到京城，献给国王一粒金色珍珠。

那珍珠非常稀有，大小有如鸽子的蛋，天然的金黄比黄金的色泽还要灿亮，更稀有的是，它能反射光线，在外表形成充满变化的彩虹。

喜欢收藏珠宝的国王，得到那粒珍珠时简直心喜若狂，他心里想着："我曾看过天下无数的珠宝，但从来没有一件胜过这粒珍珠，我当把大臣们一一叫来，让他们见识这粒满溢黄金与彩虹的珍珠，并评量它的价值。"

国王首先把宰相叫来，说：

"你帮我评量这粒珍珠的价值，然后摔破它。"

宰相一向都知道国王喜欢珠宝，于是把珍珠仔细端详，说："大王的这粒珍珠，反映了人间最美丽的彩虹，价值胜过千斤的黄金呀！臣怎么敢摔破它呢？"

国王听了非常高兴，就赏赐宰相千斤黄金。

然后，国王把侍卫长找来，说：

"你帮我评量这粒珍珠的价值，然后摔破它。"

侍卫长素来知道国王热爱珍珠，把珍珠接过来摩挲了半天，说："大王，这珍珠的光泽胜过世上所有东西的光泽，价值胜过百匹世上最好的绸缎，臣怎么敢摔破它呢？"

国王听了非常开心，就赏赐侍卫长一百匹最好的绸缎。

接着，国王把京城的将军叫来，说：

“你帮我评量这粒珍珠的价值，然后摔破它。”

将军也早就知道国王对珠宝的痴情，把珍珠捧在手上，久久凝视，说：“臣久闻世上最贵的东西是钻石，但这粒珍珠的美胜过一把镶满钻石的宝剑呀！臣怎敢摔破它呢？”

国王听了十分喜悦，就赏赐将军一把镶满钻石的宝剑。

自从国王得到那一粒南海珍珠，每天总会叫一两位大臣去评量它的价值，并且叫他们摔破它。大臣们为了讨国王的欢心，当然没有人敢摔破珍珠，也总是过度夸赞了珍珠的价值。到后来，全国的百姓都知道了国王有一粒价值非凡的珍珠，甚至集合国内所有的珠宝也比不上那粒珍珠的价值。

国王更是得意，每天抱着珍珠不放，连国家都懒得治理了。到最后，全国的百姓也都知道，他们有一个喜爱珍珠胜过治理国家的国王了。

有一天，按照往例，国王把一个年轻的小臣叫来，问他：

“你帮我评量这粒珍珠的价值，然后摔破它！”

小臣把珍珠接过来，仔细地看了看，就用力地把珍珠摔在地上，刹那间稀世珍珠就粉碎了。

国王的脸色大变，朝中的大臣也吓得惊声尖叫。

“大王，这粒珍珠价值连城，是全国的百姓都知道的事，”小臣不慌不忙地说，“但是，大王，世上最宝贵的珍珠也比不上国王的命令珍贵。国王的每一个命令，其价值何止是这珍珠的千万倍！大王如果叫微臣赴死，微臣也万死不辞，大王叫微臣摔破珍珠，微臣又岂敢不从呢？”

国王的脸色由黑转白，再从白变红，接着纵声大笑：

“哈！哈！哈！……说得好，说得真好！这粒珍珠虽然珍贵无比，是我用来考验你们的，没有想到满朝文武，没有一个人比你更了解我的心意，岂止是王命可贵，一般人口中吐出的善言都像珍珠一样可贵啊！”

朝中的大臣听到国王这么说，都吓得面色铁青，因为按朝中的律法，违抗王命是要斩首示众的。

国王的眼睛一一扫过他们，转头对年轻的小臣说：“我今天就封你为宰相，辅佐国政，这些违抗王命的人就由你处置吧！”

新被册封的宰相，对大臣们说：“国王是非常仁慈而有智慧的仁君，不会为了一粒珍珠来定你们的罪。你们虽然不从王命，今日就赦免你们，但要把国王因这粒珍珠赏赐给你们的珠宝全部缴回国库。”

大臣们听了都松了一口气，赶紧回家把国王赏赐的珠宝缴了回来。

青年宰相就把这些珠宝全部变卖成米粮油盐，发放给全国的贫穷百姓，并且向百姓宣示国王的教言：“国王的每一个命令，价值都是珍珠的千万倍，岂止是王命可贵，一般人口中吐出的善言都像珍珠一样可贵呀！”

从此，国王不再痴心于求天下至宝，而专心地治理朝政。

全国百姓也都知道了，他们有一个既仁慈又充满智慧的国王。

偶然接到邀请，到台北世贸中心去看“国际珠宝展”。展场里到处都站着警卫，专柜小组都穿戴得比看展的人还要华贵。

场中的珠宝都是价值连城的，数百万、上千万的珠宝在橱窗中闪闪发光。

我站在珠宝前浏览，想到这些珠宝几乎毫无用处，但如果把它变卖了去救济贫穷，却可以使生灵免于涂炭呀！这才是珠宝真正的价值，否则放在有钱人的保险箱里，只不过是一块矿石。

在我们的人生里，任何无形的事物，价值都胜过珠宝。一个有创见的思维、一个善良的动机、一个美好的瞥见、一个庄严的念头、一个爱的感觉……可惜，我们被观念所囿限，却轻忽心灵的价值，重视无生命的矿石，看着珠宝展览时，格外有这种感触。

梅花的芳香

一个有钱的富人，正在自家的花园里赏梅花。

那是冬日寒冷的清晨。

富人像平时一样，睡过温暖的一夜，吃过丰盛的早餐，独自到广大的花园散步。

正如同所有的富人早上到花园散步，也如同所有的富人都需要有广大的花园，那是一种身份与财富的象征。

有广大花园的富人从不自己种花，他们只是享用园丁辛苦种花的成果，赏花，也就成了生活的例行公事。

富人看着花园里百花盛放，正欢喜自己有这样的花园，突然，传来了敲门的声音。

富人把花园的门打开，发现一个衣衫褴褛的乞丐，在寒风中冻得发抖。

乞丐说："先生，行行好，可不可以给我一点东西吃？"

富人请乞丐在花园门口稍稍等候，他转身去厨房，端来一碗热腾腾的饭菜。

当富人布施给乞丐的时候，乞丐突然说：

"先生，您家里的梅花，真是非常芳香呀！"

说完，接过那碗热腾腾的饭菜，道谢离去。

听到乞丐的话，富人呆住，他非常震惊地想着：乞丐也会赏梅花吗?

使他更震惊的是，他想到："花园里种了几十年的梅花，自己天天在花园赏花，为什么从来没有闻过梅花的芳香呢！"

于是，他小心翼翼地，以一种无比庄严和温柔的心情走近梅树，站在梅树下整个人都空灵了。

他终于闻到梅花那幽微、含蓄、清澈、澄明的芬芳，为了自己第一次闻到梅花的香气，他流下了感动的泪水。

纵使最贫穷的人也能赏梅花！而且如果他的心够细腻，会比富人更深地闻到梅花的芬芳。

生命最可贵的是懂得欣赏，而不是拥有。

我时常去参观历朝古物，最常去的是玉器和小古玩的展览室。那些物品都是历朝的皇帝和王公贵族的收藏品，他们的主人都不在了，玉器古玩还完美如新，生命能拥有的是何其短暂与渺小呀！

用一个下午，我看了数千件最珍贵的收藏，从前最会收藏的人也没有如此丰盛的拥有。

每次参观完回家的路上，我总想着：只要永远保持细腻、丰盈、宽广、美好的心，不论贫富穷通，我们都能有内在的芳香。

活人的心

唐朝乾元年间（758–760），浙江绍兴有一个叫作杨宗素的人，是出了名的孝子。

有一天，他父亲得了重病，辗转呻吟数月都没有好转，杨宗素到处为父亲求医，都没有效果。

后来找到一个医生，为杨父把脉后，开了一帖药方，就是要吃一颗活人的心才会好。

“活人的心？”宗素听了大吃一惊。

医生说：“你父亲的病，是心病。因为他以前一心求财，整个心被钱财指挥，他的心早就离开了自己的身体，只有吃活人的心才够补回他的心。但是，活人的心要到哪里去找呢？”

宗素听了，知道不可能找到活人的心，心想：只要虔诚向佛，为父亲广造功德，说不定可以治疗父亲的病。

因此，宗素找僧侣为父亲诵经，命工人绘制佛像，并且准备僧衣斋饭，供养佛寺里的僧侣。

一天，宗素正要拿饭菜到佛寺供僧，误入了一条山中小径，他看到山下有石塔，塔里坐了一位僧侣，容貌老瘦枯干，穿着松垮的袈裟，盘坐在石头上。

宗素看那老和尚貌似胡人，又在山中，一定是修行很高的人，于是向前行礼问道：

“老师父，您独自在这贫瘠的山谷，既没有寺庙也没有侍者，难道不怕山上的野兽伤害您吗？或者您已得法成道？可不可以指导我呢？”

老和尚说：“我俗姓袁，祖先世居巴山山脉，后来散居在各山谷里，大部分子孙都能守祖业，做林泉隐士。有的喜欢长啸作诗，就有了名声；有的在市井中玩杂耍，来谋取生活。另外有姓孙的，也是我的族人，他们多位于豪贵之门，善体人意，搏取主人的欢心。只有我爱好佛法，独自离开红尘，居住在这山谷里很多年了，常常羡慕阿育王割肉喂饿虎的慈悲心，所以在这里吃干果喝泉水等待虎狼，可恨一直没有虎狼来吃，我正在等着呢！”

宗素听了，立刻想到重病的父亲，于是跪地礼拜：“师父能舍身不顾，宁喂野兽，真是圣贤呀！弟子的父亲生病数月，日渐沉重，使我日夜忧心。有一位名医说，这是心出了毛病，不吃活人的心就不能痊愈。师父既能舍身拯救饥饿的虎狼，不知道能不能舍心救治垂死的病人呢？”

老和尚说：“这正是我的心愿呀！你为了父亲来求我的心，孝行可喜可贺，但是今天我还没有吃饭，但愿吃饱了饭再死。”

宗素感激涕零，立刻把食物奉上，老和尚从容地吃完后，走出塔外，说：“先让我向四方诸圣顶礼。”

顶礼完毕，老和尚突然跃上一棵大树，对宗素厉声地说：“你刚刚向我求什么？”

“弟子向您求一颗心，治疗父亲的病。”

老和尚说：“你向我求心，我已经答应你，现在先向你说《金刚经》，你愿意听吗？”

“我素来崇尚佛法，今天有幸遇到大师，请大师指教。”

老和尚说：

“《金刚经》上说：‘过去心不可得，现在心不可得，未来心不可得。’你想要我的心，也不可得呀！”

说完后，老和尚化成一只猿猴，飘然远去。

站在田野中，感觉风的流动，在清凉的风吹抚着肌肤时，觉得自己好像也跟着风在流动。

坐在海岸边，观看海的汹涌，当海浪冲起又落下，觉得自己也仿佛是海上的浮浪，没有一刻的静止。

躺在山顶上，浏览云的飘游，云，澄明而潇洒，自由自在，觉得自己也有了流云的心，飞过群山。

在我们的人生里，没有任何事物是确定的、是静止的、是不变的，每一刻的心都在流动，每一时间的现象都在变幻。因此，向外追求的心，就如求风静止，求浪不动，求云不异。

所以，在观风、看海、览云的时候，我也不会忘记谛听自己的心。

金银武士

两位武士偶然在树林里相遇了，他们同时看见树上的一面盾牌。

“呀！一面银盾。”一位武士叫起来。

“胡说！那是一面金盾。”另一位武士说。

“明明是一面银制的盾，你怎么硬说是金盾呢？”

“你才强词夺理，那明明是一面金盾！”

“我们俩素不相识，你把银盾说成金盾，是故意跟我过不去？”说罢，那看见银盾的武士手握剑柄，准备决斗。

“你才是故意与我为敌，明明是金盾，偏偏说成是银盾！”那看见金盾的武士，“唰”一声拔出剑来。

两位武士于是在树林里展开了惨烈的决斗，最后两人都受了致命的重伤。

当他们向前倒下的一刹那，才看清了树上那个盾牌，一面是金的，一面是银的。

偶然在树林里看见的盾牌，是金的是银的，又有什么要紧呢？为这样无关紧要的事争论，甚至拔剑相向，乃至生死决战，又有什么意义呢？

在我们的人生里，大部分争得你死我活的事情，细究其实，也都像争执树上盾牌的颜色，是毫无意义的。

即使争执是为了得出事实的真相，真相也往往是难明的，从我这面看可能是金色的，从你那面看也可能是银色的。

每一个人的指纹都不一样，我们怎能奢求每一个人的观点是一样的！

每一个人的心都有着不同的密码，只执着于自己密码的人，又如何和人沟通呢？

这世界如果会毁灭，一定是毁灭在“只有我是对的”这样的观点上。

伟大的织工

在古老的印度，有一个织工，名字叫作卡比儿（Kabir）。

卡比儿出生在比较低下的阶层，他的父母非常贫穷，也没有地位。所以，在很小很小的时候，他就被送入编织的场所当织工。

每天清晨，他和其他织工儿童一样，第一件事就是面对一个巨大的织架，开始织棉毯。那些棉毯都有固定的图案，织法也是固定的。

所以，只要用固定的织法、固定的图案，不管用心或不用心，都可以编织出完美的棉毯。

卡比儿在织布的时候，经常陷入无意识的状态、甚至打瞌睡，竟然还能完成织布的工作。

这工作，竟然经过了二十年。

慢慢地，卡比儿的心和手居然分离了，他手里织的图案和心里想的图案完全不同。他心里想着："为什么棉毯一定要有固定的图案呢？若能自由编织，就能编出美丽的棉毯。"他也开始厌烦那些固定、被认为已经完美的织法。他想："如果留一些空间，容许不同的织法，表达编织者的心情，应该是很好的！"

尽管有许多想法，他毕竟只是一个织工。

到最后，实在受不了，他在家里做了简单的架子，织自己想织的布。

有时候，他一面唱歌，一面织布，布里充满了欢喜。

有时候，他一面静坐冥想，一面织布，布里有无边的宁静。

有时候，他一面吃饭，一面织布，布里充满了食物的香气。

有时候，他一面祈祷，一面织布，布里充满了神性。

在传统的织工眼里，卡比儿是一个离经叛道的织工。因为从来没有人想织什么就织什么，而且他织的布里，犯了许多编织方法的错误。

但是，凡是见过卡比儿编织的人，只要不是织工，就会感动不已。

每个星期一，卡比儿会将织品带到市场出售，星期一的市场总是人潮汹涌，人们抢着买卡比儿的织品。买不到的人，只要多看一眼也就满足了。买到的人，不会把织品拿来使用，而是挂在墙上，人们都相信卡比儿的织品是神圣的、充满内在品质的。

卡比儿成为印度最伟大的织工之一，人们认为他开悟了，把他离开编织场所的那一天，定为他的“成道日”。

有一天，我和妻子在街上散步，路过一家高级的珠宝店，看见橱窗里有一只卡地亚手表，虽是老旧的古董，它的质感精致、优美，依然令我们震动。

表壳是白金铸成，表面镶满碎钻，表带是浅灰色的丝绸，是卡迪亚 20 世纪 30 年代的设计，至今已有六十几年了。由于是机械表，手表依然能准确地运转。这只手表是珠宝店的镇店之宝，当然是不出售的。

这样美的手表在六十年前已经登峰造极了，怪不得卡地亚今天会征服全世界。

看了那只手表，从卡地亚联想到印度一位伟大的织工卡比儿，也想到从前看过许多美好的古董和艺术作品。

我想到所有了不起的艺术创作，不管是织品或手表，或是其他的物品，都有一些共同的特质：优雅、精致、不凡，充满了创造性，其中最重要的特质，是创作者内在品质的自然流露。

这种内在品质的自然流露，才是决定艺术家层次最重要的东西，也是艺术作品能否穿越时空最重要的特质。

光的存在

在一个偏远的村子里，大部分村民都是务农维生，没有受过什么教育。

在这个村子里，住着一位哲学家、思想家、理论家，但是，他偏偏是一个瞎子。

有一天，哲学家发表了一个重要的发现：

“在这个世界上，光，是不存在的。”

他用逻辑的推论来证明这世界上并没有光，他的理由是：

第一：这个世界上存在的东西，都是要触摸的，光不能触摸，所以它不存在。

第二：这个世界上存在的东西，敲击一定会有声音，光没有声音，所以它不存在。

第三：这个世界上存在的东西，用舌头必可以尝出味道，光品味不到，所以它不存在。

第四：这个世界上存在的东西，用鼻子一定嗅得到，光不知道是香是臭，所以光不存在。

哲学家认为这样的逻辑非常坚强、理论十分完善，所以，他深深地相信：“光是不存在的。”

他到处找村民辩论，他宣称：“如果你们能辩倒我的理论，我就相信光是存在的。反之，如果你们不能辩倒我的理论，就请你们相信，光是不存在的。”

但是，村民没有思想、没有学问，也没有逻辑，根本无法和哲学家辩论；而且，他们天天一张开眼睛就看到光，根本没有辩论的必要。

为了这个雄辩滔滔的哲学家，村民非常地烦恼。他们一听说远方有一个名医，便一起将哲学家捆绑起来，带到名医那里，去诊疗哲学家的眼睛。

还好，哲学家只是白内障，开完刀，就看见光了。

在看见光的一刹那，哲学家感动得痛哭流涕：“怪不得村民无法证明光的存在。因为，光无法用触摸、听、尝、闻来证明它的存在呀！一个人要知道光的存在，不是去学习光的理论，而是要张开眼睛呀！”

曾经有一个鞋匠告诉我，他只要在街上散步，看走过的人穿的鞋子，不需要看人的脸或衣服，就知道走过的人具有什么特质。

透过鞋子，他可以知道一个人是艺术家或上班族；一个人是主管，或是部属。

透过鞋子，他可以知道一个人是有教养或没有教养；一个人是懂得生活，或不会生活。

透过鞋子，他可以知道一个人是成功或失败，因为成功的人，鞋子会有不同的光亮；失败者的鞋子则显现出挫败的样子。

透过鞋子，他甚至可以知道，一个人是喜悦的或悲伤的，悲伤者的鞋子不会受到主人的照顾，因此一脸悲伤的样子。

对一个有体会的鞋匠，鞋子里充满了表情和故事，它所显露的，不会比脸孔或衣服少。但是，这种体会是用言语说不清的，是逻辑和理论无法达到的。

我常想，如果我要和鞋匠朋友一样，从鞋子去体会人生，可能要亲自去缝制皮鞋、修补皮鞋，经过许多年的时间，才能达到那样的境界。但是，如果我愿意开放心灵去体会，我看到不同的鞋子，也会有不同的启示呀！

一个孩子来到这个世界，直到完成学业，至少要二十年的时间，这二十年都在学习一些理论、概念、思想，大部分人在感觉、观照、体会上都没有得到开发。

如果我们愿意深深地感觉、静静地观照、细细地体会，我们就会张开心眼，感动落泪，就像瞎眼的哲学家看见光的存在。

王子和椅子

从前有一个王子，没有兄弟姐妹，所以，自幼就受到过度的疼爱和骄宠，长大之后，成为一个又自大又懒惰的人。

有一天，皇后来探视王子，看到王子将擦完手的废纸随手丢在地上。

皇后说："你为什么不顺手将纸丢在纸篓里，而要丢在地上呢？"

王子说："我的随从会按时来打扫，如果我不把纸丢在地上，他们就无事可做了。"

皇后说："我儿呀！可是你丢纸的那一刻就破坏了皇宫的美观，你还是把它捡起来丢到纸篓里去吧！"

王子说："母后，我是将来要继承王位的王子，身份何等尊贵，怎么可以弯身去捡废纸呢？叫我捡废纸，不就像把皇宫里最宝贵的玉器，拿来当垃圾桶用一样的吗？"

皇后被顶撞得无话可说，只好叹一口气走了。

过了一阵子，有一天晚上，王子随国王到花园里散步，国王说："吾儿呀！今晚的月色很美，你到房里搬两把椅子，我们一起赏月吧！"

王子说："父王，我是将来要继承您的王位的王子，地位何等崇高，怎么可以屈就去搬椅子呢？"

国王感到不悦地说："王子也是人，凡是人可以做的事情，王子有什么不能做呢？"

王子振振有词地说："父王，您说的没错，王子也是人，却是世间最尊贵的人，当然和一般人不同，这就好像祖宗牌位是木头做的，却不是普通的木头。叫一个高贵的王子去搬椅子，就好像拿祖宗牌位生火取暖一样呀！"

国王被顶撞得无言以对，只好摇摇头走了。

又过了一阵子，国王驾崩了，正当王子要继任王位的时候，邻国的国王知道这个王子是一个自大又懒惰、无知又无能的人，立刻发兵来攻打王子的国家。

经过一段很短暂的战争，王子的国家就沦陷了，王子混在人群中逃亡到别的国家。

那些四处逃亡的难民，因为有一技之长，很快地找到工作，安顿了下来。只有王子什么工作也找不到，因为他什么也不会做。

有一天，饿了好几天的王子找到一家椅子店，请求主人给他一份工作，主人看他可怜，就收留了他。

王子的工作很简单，就是搬椅子。清早把椅子搬到户外，晚上再把椅子搬回店里，如果有人买椅子，就把椅子搬到顾客的家里。

王子什么也不会做，幸好他还会搬椅子。

有时候，我会遇到内心充满愉悦的人，我就会想：他是人，我也是人，他的内心那么愉悦，我也可以做到呀！

有时候，我会看见突破困境、走出悲伤的人，我就会想：他是人，我也是人，他可以突破困境、走出悲伤，我也可以做到呀！

这种正向的学习与思考，一旦成为生命的基调，就会反过来发现到：一旦我处于和谐之中，整个世界就和谐了；一旦我处于欢喜之中，整个世界也就欢喜了。

我深信，内心的泉源与世界的泉源，是同一个来处。

因此，我们不只是人而已，我们也可以成为世界大海洋的点滴。如果小鸟能无忧地歌唱，为何我做不到呢？如果云能坚持温柔的姿态，为何我做不到呢？如果树能保持自己的翠绿，为何我做不到呢？如果水能流动不拘，遇山成瀑，遇谷成湖，为何我做不到呢？……

当“自我”消融的时候，我们才会看见世界的美、自由、和谐、无碍呀！

在“自我”还执着的时候，我们多多少少会从心里跑出一个自大无能的王子呀！

自由的王国

有一个国王，有一天突然觉得生活无聊极了。

因为，所有这世界上最好、最精美、最豪侈的东西，他都已经拥有，却感到不快乐，不知道要何去何从。

于是他想到：“我应该去寻找一位老师，教导我要何去何从！”

国王每天都会走出皇宫，四处去探访，希望找到一位老师。他总是会在老师旁边观察几天，决定要不要向他学习，但是几天之后，国王总是颓丧地放弃了。

他理想中的老师是一个纯然快乐、内心永远保持宁静的人。遗憾的是，他所向往的老师一知道他是国王，立刻就失去了纯然的快乐和内心的平静。

在国王每天出城的路边，经常有一位隐士只围着一块破布坐在树下，几乎衣不蔽体，一动也不动，脸上有着深邃的微笑。

起先，国王并没有注意到他，直到国王拜访过国中的大部分老师之后，看到他不免心头一惊：“这个人怎么能一直保持那样的宁静，是不是可以来当我的老师。”

但是，国王立刻就失笑了，一个尊贵的国王怎么能没有像样的老师呢？一个庄严的国王怎么能拜坐在路边的衣衫褴褛的人为师呢？”

直到他拜访过所有的老师之后，看到那深不可测的微笑，大为震惊："这个人怎么能一直保持那样的宁静，一直保有那么深邃的微笑，是不是可以来当我的老师呢？"

国王被一股强大的力量吸引，便翻身下马，对那个树下的人说："我正在寻找一位老师，你愿不愿意来当我的老师呢？"

那人说："如果你愿意遵守当学生的仪礼，我做你的老师也无妨。"

国王非常高兴，就把白马借给老师骑乘，把老师一路载进皇宫。

国王拥有一位衣衫褴褛的老师，消息很快就传遍整个国家。百姓都很欣慰，认为这位良师一定可以教国王一些简朴之道，爱护百姓，并体会到百姓的痛苦。

然而国王并不这样想，他想："堂堂一个国王，怎么可以有一位像乞丐的老师？"

他为老师准备了一座美轮美奂的宫殿，宫殿里应有尽有，极尽豪侈。他又为老师准备了最华丽的衣服和最美味的食物。他尽力地奉承老师，希望很快得到宁静与快乐的秘方。

奇怪的是，不管国王准备了多么好的东西给老师，老师都是尽情享用，从不拒绝，但他也没有教导国王任何事情，就像从前坐在树下一样，他终日宁静，脸上流露着深邃的微笑。

三个月一转眼就过去了。

国王感觉到非常不耐烦，心想："这个伪装有智慧的家伙，和我有什么两样呢？我还要治理国事，才能抽空享用这些豪华的衣食和宫殿，他却好吃懒做，无所事事，和我有相同的享受！他哪里有什么宁静和快乐的秘方？他只是不言不语、保持微笑，街上的傻瓜不也是这样吗？”

国王很想把老师赶出皇宫，又担心被百姓嘲笑，想了很久才想到一个好方法：趁夜黑风高的时候把这个骗子带到边界，驱逐到外国去。

国王亲自带了几名卫士，把老师带往边界，一路上，那个老师还是一样的宁静，脸上带着深邃的微笑。

在快到边界的时候，国王终于忍不住了，他问：“从前，你坐在树下，穿着破旧的衣服，我以为你是一个得道的圣人，圣人应该是与平常人不同的。后来，你住在皇宫，和我一样过着奢华的生活。在你离开之前可不可以回答我：你和我之间有什么不同？你有什么宁静与快乐的秘方？”

那个人默默不语，只是微笑，继续前进。当国王和卫队通过边界的时候，国王下令卫队不可再往前走，因为那已进入别国的领土。

国王的老师骑着白马又向前走了十几米，突然停下来，他跳下马，脱下身上的华服，对国王说：“这是你的马，这是你的衣服，你带回去，我要走了。这就是我和你的不同，你有一个王国，你会死守你的王国，而我没有王国，我到任何地方，那个地方就是我的王国。我住在树林的时候，树林是我的王国；我住在你的皇宫，你的皇宫就是我的王国。树林或皇宫对我并没有任何差别。”

“只有内心真正的自由，才会宁静；只有内心完全的圆满，才会快乐。”

国王的老师说完，向前走去，隐没在树林中。

夏天的晚上，我和妻子带着小儿子、小女儿去听范宗沛大提琴和温金龙二胡的演奏会。

当我听到大提琴与二胡美妙的合奏时，内心生起一种感动：一个来自西方，一个来自东方；一个低沉，一个高亢；一个四弦，一个两弦。竟能演出如此优美的合奏。

原来，这世界还是可能和谐的。

相爱的人，也可以静心；有静心品质的人，也能有充沛的爱。充沛的爱与安静的心并不冲突。

相守的人，也可以自由；有自由向往的人，也能有相守的幸福。人既可以互相守护，也可以一起飞翔。

那就像两个完全不同的乐器。

手牵着手，一起散步，一起唱歌，一起跳舞，它们不是在弦或木头上相会，它们是在空中相会。

唯有内心真正达到和谐，才能有静心，也有深情；才能有守候，又有自由。

内心和谐如乐音飞翔于空中，是没有边界的。

第四章　森林里迷路的人

过往的生命经验里，我经常透过谦卑和学习，走出迷路的森林。

森林里迷路的人

有一个人在森林的东边迷路了。

他不断地穿行、奔跑，就是找不到走出森林的路。

他走了几天几夜，最后颓然地坐在一枝朽坏的树干旁哭泣。

突然听到一个声音：

“请问，要怎样才能走出这座森林？”

原来，那是另一位在森林西边迷路的人，走了几天几夜还走不出去。

“真对不起，我无法为你指路。因为我也是迷路的人，但是如果我们两人商量一下，说不定能找到森林的出路。”

于是，两个迷路的人坐在一起商量，扣除掉东边和西边走过的路，很快就找到出路，走出了迷路的森林。

在仿如森林的复杂人生里，我总觉得一个人很容易迷路，那是因为一个人所知有限，不可能了解整座森林。

这时候，我们也许会遇到另一个人，这个人可能和我们一样迷路，但是在互相配合下，说不定就可以找到生命的出路。

由于这样的认知，我觉得生命底蕴最好是谦卑的，懂得学习和沟通的。

过往的生命经验里，我经常透过谦卑和学习，走出迷路的森林。

小鹦鹉救大火

有一只小鹦鹉，在飞回家的路上，看到一片青翠的森林，就飞进森林里玩耍。

森林里的动物，看到美丽的小鹦鹉，都跑来和它打招呼，与它玩耍。比较大的动物不但不欺负它，还对它很热情，就像对待自己的兄弟姐妹一样。

小鹦鹉感觉到这个森林的动物非常友善，就开心地住了下来。

住了一阵子，小鹦鹉开始想念家人，它心想："这座森林虽然美好，终究不是我的家。"

于是，小鹦鹉向森林中的动物道别，大家都非常依依不舍。

回到家的小鹦鹉，偶尔飞过森林，还是会飞下来拜访从前的老朋友。

有一天，这座森林发生了大火，熊熊的烈火包围了整座森林，鸟兽全部陷在里面，无法逃命。

小鹦鹉在远远的地方看见了，立刻飞到森林里救火，它飞到溪边将自己的羽毛沾湿，再飞到森林上空，把翅膀上的水洒到森林里。

来来又回回，小鹦鹉飞了几百趟，它的动作引起了天神的注意。

天神问它："喂！小鹦鹉，你为什么如此愚笨，这森林大火，焚烧何止千里！难道你想用翅膀里的几滴水把它浇熄吗？”

小鹦鹉一边流着眼泪，一边不断地向林中洒水，对天神说：“我也知道非常的困难。可是我从前住在这森林的时候，林中的百鸟畜兽都非常仁义善良，对待我就像亲兄弟一样，如今它们在受苦，我不忍心坐视。我一定要把大火扑灭，即使拍断翅膀，也不会停止。”

天神听了非常感动，说：“让我来帮你吧！”

于是，天神吹了一口气，化成一阵大雨，火很快就被浇熄了。

每一次，当我想到这个寓言，那只小鹦鹉就化成一滴水，使我感到无比的清凉。

在我们的人生，偶尔会遇到像森林大火一样巨大、恐怖、无能为力的灾难。

灾难来的时候，我们可以选择远离，或者旁观，或者像小鹦鹉一样，“入水濡羽，飞而洒之”“我心弘旷，精勤不懈，必当灭火。若尽此身，不能灭者，更受来身，誓必灭之！”。

台湾不久前有一个恐怖的大地震，威力犹胜过森林大火，看到许多为了救灾而受伤，甚至被乱石砸死的救难人员，我就想到佛经中那只小鹦鹉。

尽管在真实的人生中，不会有天神来帮助我们，但我们不能没有小鹦鹉的立志：

“即使这辈子不能灭掉大火，我立下誓愿下辈子一定要灭掉它！”

蓝蝴蝶

在一个狭长的山谷里，住着一群白蝴蝶，它们居住在溪水边，靠吸食腐木的汁液维生。

有一只毛毛虫，每天看着蓝天，还有蓝天下飞过的多彩多姿的蝴蝶，它心里总是想着：“为什么我不能变成一只蓝蝴蝶呢？为什么我不能像多彩多姿的蝴蝶一样，以采花维生呢？”

于是，吃着树叶的空档，别的毛毛虫都睡了，这只毛毛虫就独自冥想，想着自己生出美丽的蓝翅膀，在蓝天下飞来飞去，分不清自己是飞在蓝天中，或者是蓝天印在自己的翼上。

每天每天，毛毛虫都这样深深地冥想。

奇怪的事终于发生了，当所有的毛毛虫都长出白翅膀时，这只毛毛虫却长出一对蓝翅膀，蓝得像蓝天一般。

别的蝴蝶一诞生，就飞到地上，吸食腐木的汁液。只有蓝蝴蝶一飞冲天，在蓝天下飞舞，从一朵花舞过另一朵花，它心里想着：“百花是如此的美味，为什么白蝴蝶都不知道呢？在天空下飞舞是这么快乐，为什么白蝴蝶都不愿意飞舞呢？”

蓝蝴蝶一边快乐地飞舞，一边冥想，希望自己的子子孙孙都能化成蓝蝴蝶，都能飞舞在蓝天中，吸吮百花的芬芳。

那些聚居在山谷底部的白蝴蝶偶然抬头，看见和自己长得很像的蓝蝴蝶，在空中转来转去，都以为自己在做梦，把蓝天梦成了翅膀。

许多许多年之后，在那狭长的山谷里住了一群白蝴蝶和一群蓝蝴蝶。

白蝴蝶一出生，便飞到地上，吸食腐木的汁液。

蓝蝴蝶一出生，便飞上空中，在蓝天飞舞，吸食百花的芬芳，它们蓝之又蓝，蓝得比它们的祖先——第一只蓝蝴蝶——还要蓝；它们自由自在，比第一只蓝蝴蝶飞得更高更远。

读到一本谈生物演化的书，讲到演化和动物的向往与意志有关，例如同一科目的动物，留在海里变成海牛，走上陆地的却演化成大象。

动物的演化虽然动辄数百万年，但追溯到最初，除了生存，还有内在的意志。

这使我想到飞过窗前的蓝蝴蝶，是不是因为向往蓝天而演化出来的呢？有许多白蝴蝶一生从未飞过三丈高，这蓝蝴蝶竟能飞得与天比高，这使我为蓝蝴蝶的心而感动、着迷，在一个夏日的午后，写了这个寓言。

血珍珠

从前有一个大富翁，喜欢收藏各种奇珍异宝，几乎世间的珠宝都搜集得很齐全。有一天，他听说南海有一种血红的珍珠，非常稀有珍贵，在月光下会有美丽的虹光，他所有的财富合起来也比不上一串南海的血珍珠。

自从听到这个消息后，大富翁几乎茶饭不思，立誓要到南海去取血珍珠。

他找了一些也是喜欢收藏奇珍异宝的同伴，一起出发去南海，经历了各种艰难险阻才到了产血珍珠的海边，并且各租了一条船到海上去。

由于血珍珠嗜血，大富翁就用针刺自己的身体，将流出的血裹在油囊里，吊在长索上，垂入海底。血珍珠贝闻到血的香味就会咬住油囊，再把它钓起来，剖开蚌壳找珍珠。

但是油囊常被其他的鱼类吃掉，好不容易钓起血珍珠贝，也不一定采得到珍珠。

大富翁不断地刺血、不断地垂钓，经过整整三年，才采得了一串血珍珠项链，回到岸上。

他忍不住把那串血珍珠拿给最好的朋友欣赏，想不到朋友起了贪念，趁着一起到井边取水的时候，把他推落井里，还盖上了井盖，夺取了他的血珍珠。

大富翁在井里饥寒交迫好几天，以为自己会死在井里。有一天听见狮子来井旁饮水的声音，等狮子走了以后，他顺着狮子进来的洞穴，好不容易充满恐惧地回到地上。

他跑回自己的家乡，去找那个抢了血珍珠的朋友，对朋友说：

“我念在你是我最好的朋友，才把血珍珠给你看，没想到你竟然为了抢珍珠而谋害我。现在你把那串血珍珠还我，我就永远不把这件事情说出去，不然我就去告官！”

那个朋友也是有身份地位的人，担心他告发，就把血珍珠还给他了。

大富翁将血珍珠带回家，给妻子和孩子看，两个孩子都跑来向他要血珍珠玩耍，互相询问血珍珠是哪里来的。

一个孩子说：“是从我的口袋生出来的。”

另一个孩子说：“不是，不是，是从我们家的水缸生出来的。”

大富翁看了孩子的童言童语，忍不住笑了。

妻子问他说：“你笑什么？”

他说：“我为了采这串血珍珠，在南海刺血喂贝，历时三年。珠成之日，被推落井里，差点成为狮子口中的食物。我经历了千辛万苦，又被最好的朋友背叛，小孩子不知道这一段来历，竟然说是口袋生出的呀！”

事非经过不知难。在我们的人生里，经常看到别人的成功非常轻易，自己的成功却十分艰难，那是因为我们没有亲身经历那种艰辛的过程。

在我们小的时候，无法深知父母为了养育一大群孩子所付出的代价。等我们长大了，为了抚育少数的孩子感到辛苦时，才会恍然大悟：“原来生活中所流的每一粒汗珠，都有着血的颜色！”

消失的种子

一粒榕树的种子，偶然落在地上。

种子抬起头来，看到自己的妈妈——一棵千年的榕树——昂然地站立着，后面是一片广大的蓝天，更衬托出妈妈的巨大。

“妈妈，您怎么能如此伟大地站立在大地上呢？”种子问。

榕树慈爱地回答自己的孩子：“这不是伟大，只是一种自然的生长呀！每一粒榕树的种子，只要健康就会自然地长大。我们吸收雨露阳光，接受狂风与闪电的考验，只要通过这些季节的考验，孩子，有一天你也会长得像妈妈一样大。”

种子对自己生命的未来依然感到疑惑：“但是，妈妈，我要如何才能像您那样挺立？我该怎么做呢？”

“我的孩子，最重要的是，你必须要先消失，把自己完全地融入泥土里。然后，你要努力地发芽，变成一棵树。只要你变成一棵树，有一天你就能像我一样，享受蓝天、阳光与和风呀！”

“妈妈，我要先消失，这多么的可怕呀！万一我消失融入土里，没有长成一棵树，反而变成一点泥土呢？那岂不是永远都要住在阴暗潮湿的土地里。这样太冒险了，还是让我保留一半是种子，一半长成树木吧！”

种子自己做了这样的主张，只选择一半的消失、一半的融入，它为自己这样安全的主张感到安心了。

榕树妈妈长长地叹了一口气，她每年都会生许多孩子，却永远只有一两个孩子有勇气完全地消失，长成大树。

不久，那粒偶然落下的榕树种子，开始腐化，终于变成泥土，完全地消失了。

有一天，我站在阳台的花园中，看着无心长出来的一棵木瓜树。

这木瓜树是我吃完木瓜，随手洒在花圃，仿佛只是一晃眼，就长成一人高了。

那时，我的心上突然浮出《心经》中“色不异空，空不异色，色即是空，空即是色”的字句。木瓜子是形象存在的“色”，但为了长成木瓜树，它必须先化为“空无”；当木瓜树的姿色形成之时，也正是种子化为空无之际。

“形色”与“空无”不也是这种存在的关系吗？色非真色，空非真空，只是不断转换的存在！

我的心中若有所悟，如果为了长成大树，种子必须舍弃，那么，在我的人生里，我愿意不断地放下、舍弃、转换，以形成更大的格局。

一驴背的麻布

从前有两个年轻人，一个叫小山，一个叫小水，他们住在同一个村庄，成为最要好的朋友。

由于居住在偏远的乡村谋生不易，他们就相约到远地去做生意。于是同时把田产变卖，带着所有的财产和驴子到远地去了。

他们首先抵达一个生产麻布的地方，小水对小山说："在我们故乡，麻布是很值钱的东西，我们把所有的钱换取麻布，带回故乡一定会有利润的。"

小山同意了，两人买了麻布，细心地捆绑在驴背上。

接着，他们到了一个盛产毛皮的地方，那里也正好缺少麻布。小水就对小山说："毛皮在我们故乡是更值钱的东西，我们把麻布卖了，换成毛皮，这样不但可以收回我们的本钱，返乡后还有很高的利润！"

小山说："不了，我的麻布已经很安稳地捆在驴背上，要搬上搬下多麻烦呀！"

小水把麻布全换成毛皮，还多了一笔钱。

小山依然有一驴背的麻布。

他们继续前进到一个生产药材的地方，那里天气苦寒，正缺少毛皮和麻布。小水就对小山说："药材在我们故乡是更值钱的东西，你把麻布卖了，我把毛皮卖了，换成药材带回故乡一定能赚大钱的。”

小山拍拍驴背上的麻布说：“不了，我的麻布已经很安稳地在驴背上，何况已经走了那么长的路，搬上卸下太麻烦了！”

小水把毛皮都换成药材，还赚了一笔钱。

小山依然有一驴背的麻布。

后来，他们来到一个盛产黄金的城市，那充满金矿的城市是个不毛之地，非常欠缺药材，当然也缺少麻布。

小水对小山说：“在这里药材和麻布的价钱很高，黄金很便宜，我们故乡的黄金却十分昂贵，我们把药材和麻布换成黄金，这一辈子就不愁吃穿了。”

小山再次拒绝了：“不！不！我的麻布在驴背上很稳妥，我不想变来变去呀！”

小水卖了药材，换成黄金，又赚了一笔钱。

小山依然守着一驴背的麻布。

最后，他们回到了故乡，小山卖了麻布，只得到蝇头小利，和他辛苦的远行不成比例。小水不但带回一大笔财富，把黄金卖了，更成为当地最大的富豪。他又乐善好施，因此子子孙孙都成为有福报的人。

我在当记者的时候，曾经采访过许多成功的人物。

当时我自己给成功者找到一些共同的特质：

一是以自己的工作为乐趣，永远乐在工作，有的人甚至一天工作十六小时。

二是有过人的恒心和毅力，坚持到底，他们总比一般人更有意志力。

三是善于掌握时机，当机会来的时候，不会错过。

四是不故步自封，充满了弹性与变化。

当然，成功者的特质不只如此，但如果这四点无一具备，就很难成功了。

成功者也可能会遭逢失败，但只要不故步自封，掌握时机，终有再站起来的一天。

烈火与干柴的决斗

有一个家庭主妇煮饭，用扇子扇着灶中的火，干柴很快地变成烈火，很快就把饭煮熟了。

闻到饭香，干柴忍不住说："如果不是我，这锅饭不会这么香？"

烈火却不同意，他说："如果没有我，饭又怎么煮得成呢？"

双方争执不下，最后约定七天之后，在森林里决斗，最后剩下的那一位就得到胜利。

为了决斗的胜利，干柴邀集了许多朋友，包括大树、草木、枝叶，堆满了整座森林。

烈火非常有信心，它只邀约了一个朋友风来助阵。

决斗终于开始了，干柴加得越多，烈火就烧得越旺；烈火烧得越猛，干柴就烧得越快；双方斗得难分难解。

"我一定会打赢你的！"干柴说。

"我绝对会消灭你的！"烈火说。

他们一共烧了七七四十九天，干柴终于牺牲了所有的亲戚朋友，烈火也日益渺小，即将熄灭生命之火。

当最后一把干柴烧尽之时，也正好是烈火消灭的瞬间。

干柴与烈火同时惨败了，但是他们激烈的决斗，却使得森林在几百年内都无法复原。

在我们的人生里，干柴因为有了烈火，才能发光发热，烈火有了干柴才能永明永续，生命的能量是互相依存的。因此，人生需要的是合作而非对立，是妥协而非争胜，是分享而非独占。

我们与那些因缘特别深刻的家人朋友更是如此。同心的时候，就会温暖而有生命的热力；不同心的时候，就会冰冷，慢慢地熄灭了。

吹法螺的声音

从前有一个内陆的国家，没有人见过法螺，自然也没有人听过吹法螺的声音。

有一天，有一位很会吹法螺的人，来到这个国家，进入一个乡村，就在那里吹起法螺。法螺的声音清亮高吭，全村的人都为之震动，循着声音来看。

吹法螺的人连吹了三遍法螺，把法螺放在地上。

“刚刚是什么声音，怎么会如此清亮婉转呢？”旁观的村人问。

“就是这个东西发出来的声音。”吹法螺的人指着法螺说。

“那又是什么东西呢？”

“这是海里的一种贝壳，它能发出巨大的响声，是其他东西所比不上的。”

围观的村人忍不住跑过来摸那个法螺，问说：“喂，你会出声音，那么你会不会讲话呢？”

法螺不答。

“喂！你是不是要主人叫你出声，你才会出声呢？”

法螺依然无语。

吹法螺的人于是把法螺拿到自己的嘴边，用力吹气，法螺就大声地唱起歌来。

这时，村人才恍然大悟地说：“原来，刚刚那美妙的声音，不是法螺自己的声音，必须有手、有口、有气，还有会吹的人，法螺才会出声呀！”

因缘也是这样的。

一个法螺发出美好声音的因素很多。首先，它必须是一个完整无缺的法螺；其次，必须有一个会吹的人，这两项是“决定的因缘”。

认识了“决定的因缘”就会善加珍惜保护，譬如法螺不要打破了，吹法螺的人不要生病感冒了。

以人的“决定的因缘”来说，人的身体就像是一个法螺，人的性灵则是吹法螺的人，要身心完整，灵性经过锻炼的人，才能吹出人生的美妙之音。

善的配对

当大洪水淹没地球的时候，所有动物都成双成对地逃上诺亚方舟。

善知道大洪水快来了，也急急忙忙跑到诺亚方舟，却被拒绝上船。

“依照规定，只能一对一地上船，才能繁衍子孙。”

善着急地跑回市镇，寻找可以和自己配成一对的对象。

好不容易，善找到了恶，一起登上了方舟，当他们上了方舟，自己也吃了一惊。因为坐在方舟上的是：美与丑、是与非、好与坏、情爱与仇恨、欢喜与悲哀、开心与沮丧……他们都将一起逃过世界末日。

因此，不管经过多少个世界末日，有善的地方必会有恶，这世界永远是祸福相依、成双成对的。

我经常会在大树下欣赏一棵树，特别是那些往四方生长，有亭亭华盖的树。

然后我总会想：幸好，树是往各个方向生长的。如果树只往一个方向生长，我眼前出现的必然是一棵单调的、丑陋的、不健康的树。

我也会想：对于周遭的环境，树是全面的接受。它接纳阳光，也包容风雨；它等待白日，也守候黑夜；它迎接春天，也承受寒冷……由于这样全面的接受，使它茁壮、生长，成为伟大的树。

在我们所居住的世界，不可能提供给我们一个纯善、美好、圆满的环境；在我们生命的历程里，也必然会面对许多的挫折、考验与锻炼。

因此，我们要有宽广的心，在一切的过程中学习，正如一棵树无畏地生长枝干，使生命中一切负面的事物都成为我们的养料。

树够大了，便能承受风霜。

船够大了，便能穿越巨浪。

透明人

有一个樵夫上山砍柴，无意间在山上遇见了一个透明人。那人的外表只有一层薄膜一样的皮肤，五脏六腑都看得清清楚楚，五颜六色，非常丑怪。

樵夫问说："你是什么人？怎么长成这个怪样子？"

透明人说："我的名字叫妙听，我不是人，而是妖怪！"

樵夫说："你是妖怪？所有的妖怪都有特别的本事，你有什么本事呢？"

透明人说："我只有一个特别的本事，你看我的身体是不是透明的？这就是我的本事，所有人在我面前都会变成透明的，我不但可以看见人的五脏六腑，还可以看见人的隐私、心思和一切秘密。简单地说，我会读心术，所以在妖界才叫作妙听呀！"

"可以知道人的隐私、心思和一切秘密，那多可怕呀！"樵夫心里想着，问妖怪："妙听先生，那么今天我怎么会遇见你呢？"

妖怪说："我正要去惑乱人间哩！我打算把妻子的心思告诉丈夫，把丈夫的隐私告诉妻子，让夫妻失和；我打算把朋友之间互相隐藏的秘密告诉对方，让朋友反目；我打算东说说、西说说，把东家最不想让西家知道的事，告诉西家。再把西家最怕被知道的事，告诉东家……我不必使用特别的妖术，只要靠这张嘴巴，不久之后，地球就会毁灭了呀！”

樵夫越听越觉得可怕，想到人间从此没有隐私和秘密，即使是暗中乱想的心思也会被公诸于众人，这世界会变得多么恐怖呀！于是樵夫生起一个想法：“趁这只妖怪还没有到人间作乱之前，在山上就把它杀了吧！”

当他想到这里，妖怪妙听突然大笑：“哈哈哈！你刚刚在想，趁我还没有到人间作乱，先把我杀了！你怎么可能杀死我呢？不管你想什么，我都会先知道！”

樵夫暗暗心惊，假装成浑然不知的样子。

妖怪说：“你想装成浑然不知的样子，趁我不注意时杀掉我，哈哈哈……”

樵夫恼羞成怒，拿起斧头就向妖怪砍去。左砍右砍上砍下砍，不管他怎么砍，斧头还没有下来，妖怪已先“读”出了砍下的方向，妖怪一边闪躲，一边不断地揶揄樵夫。

最后，疲累不堪的樵夫颓然坐在地上，无奈地对妖怪妙听说：“既然杀不了你，你也没有本事害我，我不管你了，我还是砍柴吧！”

休息了一会儿，樵夫继续认真地砍伐树木，尽管妖怪在一旁干扰，他却充耳不闻，完全忘记了妖怪的存在，进入了无心的境界。他的手一滑，斧头飞了出去，正好砍中妖怪的眉心。

樵夫呆立了半晌，突然悟道：“只有专心一致，进入了无心的境界，才能对治那专门探查隐私、心思和秘密的妖怪呀！”

在一家气氛非常讲究的咖啡厅喝咖啡，无意间看见靠墙的架子上，放了许多杂志。光看杂志封面的标题，就够惊人耸动了，无非都是在窥探人的隐私、揣测人的心思、调查人的秘密，加上一些道听途说、胡编瞎造，就公布到大众的眼前了。

我对别人的隐私、心思和秘密没什么兴趣，我比较感兴趣的是：为什么我们的社会会生产这么多以隐私、心思和秘密为主题的杂志呢?

说穿了，是因为人人的心里都有一只妖怪，才会制造出这么多像传说中的妖怪一样的杂志！我想到，即使知道全世界的隐私、心思和秘密，也没有“如实知自心”来得可贵。

把窥探别人隐私的时间，不如用来思索人生的课题。

把揣测别人心思的力气，不如用来静心，开启智慧。

把调查别人秘密的好奇，不如用来体会禅宗说的“会心不远，密在汝边”的深沉的密藏。

对于那些时常跑来跑去的妖怪，我们只有专心一致，进入无心的境界，才能不受扰乱吧！

没有价值的舌头

有一个国王，得了一种世上稀有的病，看遍了有名的医生，都无法治愈。

后来遇到了一个神医，神医说："大王，这种病其实很容易治，只是要拿到药却很困难。"

"到底是什么样的药呢？"

神医说："只要喝下一罐母狮子的奶汁，病立刻就好了。"

国王马上颁了一道圣旨，只要有人能取到一罐母狮子的奶汁，将会送他丰富的赏赐、土地和爵位。

有一个非常聪明的人，他跑去住在狮子洞穴附近，每天送一只羊给母狮子，送了很长的一段时间，和母狮子建立了很好的友谊，终于挤了一罐母狮子的奶汁。

他兴高采烈地走向皇宫的途中，身体的各部分却争吵起来。

脚说："这一次能挤到狮子的奶汁，我的功劳最大，如果没有我，就不能走到狮子的洞穴。"

眼睛说："拜托！如果没有我，你根本看不见，如何能走到狮子的洞穴呢？当然是我的功劳大！"

手说："事情可不是这样，如果没有我，难道用眼睛就能挤出奶汁吗？"

身体的各部位争着自己的功劳，吵闹不休。

舌头突然大叫一声："不要吵！如果没有我，你们一点用处也没有！"

身体各部位听了，非常不服气，一起责备舌头："你有什么用处呢？这一次挤狮子的奶汁，你出过什么力气呢？你是完全没有价值的！"

舌头看到自已寡不敌众，只好说："到底谁最重要，谁的功劳最大，见了国王，你们就知道了。"

然后，舌头就沉默不语了。

进了皇宫，见了国王，国王第一句话就问："这真的是母狮子的奶汁吗？"

舌头说："不，不是的！这是母狗的奶汁，我在路边随便挤来的。"

国王听了勃然大怒，命人将那男人推出去杀了。在砍头的时候，身体各部位都哀号不已，舌头得意地说："现在，你们总算了解，谁是最重要、最有价值的吧！"

在佛教的《百喻经》里，有一个蛇头蛇尾争大的寓言，文字非常简短：

有蛇尾语头言："我应在前。"

头语尾言："我恒在前，何以卒尔？"

头果在前，其尾缠树，不能得去。

放尾在前，即坠火坑，烧烂而死。

蛇的尾巴有一天突然争着走前面，蛇的头不肯，于是，尾巴缠着树不放，蛇头没有办法，只好让尾巴走前面，走了没几步，就掉入火坑，烧烂死掉了。

这个寓言的启示是，蛇头很重要，蛇尾也一样重要。

以国家来说，领导人很重要，百姓也很重要。

以军队来说，总司令很重要，士兵也很重要。

以公司来说，经营者和员工都很重要。

以一件事情而言，开始、过程、结尾都不可忽视。

以一个人而言，身心灵是一个整体，没有高下之分，人生的一切都是同样重要而有价值的。

小志砍大树

有一个瘦弱矮小的人，名字叫小志，立志要造一间广大坚固的房子。

屋瓦、墙壁、柱子都没有问题，唯一的问题是，他需要一根巨大的屋梁，这种巨大的树只有深山的森林才有。

这个矮小的小志，就拿着一个小小小小的斧头，到深山里去找最大的一棵树。

好不容易找到一棵参天大树，他就用小斧头开始砍，由于大树非常坚硬，每一斧头只能砍下很少的木皮、木屑，而且，斧头的刃口很快就钝了。他找到一块石头将斧头磨利，继续砍树，不久，斧头的刃口卷了起来，只好下山到铁匠铺去磨利。

铁匠铺里的人都知道小志要砍大树盖房子，不但没有鼓励他，反而嘲笑他。

“你这斧头这么小，力气这么小，恐怕树还没有砍倒，人就老了。哈！哈！哈！”

“是呀！你在深山里砍树，现在你下山磨斧头，等回到山上，树皮早就长好了。嘻！嘻！嘻！”

“对呀！搞不好，被你砍的地方不但没有受伤，树还因为太舒服，鼓了起来哩！咻！咻！咻！”

大家一边嘲笑，一边笑得喘不过气，有的人还笑倒在地上打滚呢！

小志不为所动，他很有志气地说："你们尽量笑没有关系，我只相信一个道理，已经被我砍掉的部分不需要再砍，只要我继续砍，剩下的部分越来越少，最后没有可砍的部分，大树也就倒了。"

等斧子磨利了，小志又扛着小小小小的斧头，上山去砍那很大很大的树。

斧头的刃口又卷了，小志再回到铁匠铺去磨利，上山继续砍树。这样，一次又一次，大树的缺口越来越大，剩下的部分越来越少，铁匠铺里的人看到小志人小志气高，再也不敢嘲笑他了。

有一天，大树终于被小志砍倒了。铁匠铺的人不但给他热烈地鼓掌，还关上店门，上山合力将那棵大树运下山，帮小志上了梁。

小志终于建造了一间大房子。

在我们的人生里，永远会有做不完的事。

读书的时候，功课永远做不完，考试永远考不完。

上班的时候，工作永远不会结束，事情永远忙不完。

即使面对一个零乱的房间，甚至是堆满杂物的书桌，都会觉得即使用一切努力，也永无清净之日。

心里的担扰与烦恼也是一样，一念起，万波随，不知何时才能止息。

这时我就会想起小时候上山砍树、在花园拔草的情景，“被我砍掉的部分不需要再砍，所以，树终有砍倒之日；只要拔草的速度比草长的速度快，花园终有明媚之时。”

飞出罗网

有一个捕鸟人，在湖上架了一张网，放了一些食物在网中捕鸟。

众鸟看到网中有食物，都来争食，并且呼朋引伴来吃网中的食物，捕鸟人看到来了许多鸟，立刻在岸边收网。

没有想到网里的鸟，一起振翅飞去，一飞冲天，往湖外的树林飞去。

捕鸟人立刻跟着空中飞鸟的影子追去，苦苦追赶，旁边不明就里的人就问：

“你到底是为了什么事，跑得如此仓皇？”

捕鸟人指着天上说：“我正在追逐天上的那群鸟呢？”

问的人抬头一看，鸟已经飞到很远很远的地方，只剩几个小点，忍不住劝他说：“鸟在天上飞得那么快，你在地上跑得这么慢，怎么可能追上呢？你这不是愚蠢的行为吗！”

捕鸟人说：“你看那些鸟虽然飞得高、飞得远，但是它们并不同心，只要太阳一下山，鸟群就会各自回家栖息，那时四处乱飞，鸟网就会掉下来。所以，只要它们不飞出我的视线范围，我迟早可以捕捉它们。”

捕鸟人说完，继续跟着鸟群的方向追踪。

天色渐渐晚了，鸟群也飞得累了。

有的鸟要向东，有的鸟要向西。

有的鸟想飞向树林，有的鸟想飞向山涧。

它们一边振翅飞翔，一边争吵着要去的方向。

但是，它们哪里也去不成，一起连网子落了下来。

锲而不舍的捕鸟人，终于捉到了那些鸟。

在我们的人生里，不免有身陷罗网的时候。在身陷罗网之际，与我们因缘深刻的亲朋好友也都会随着受苦，这时飞出罗网唯一的方向就是同心协力，而不是在网内互相抱怨，消耗生命的能量。

生命本来就是一张大罗网，在罗网中飞翔的我们，只要同心同向，就可以飞得更高更远。如果我们飞得够高够远，说不定可以飞出猎人的视线呢！

第五章　当下大师

心与智都非常重要，但心比智还要重要。因为，使我们无所恐惧迎接『不可知的未来』，源于『当下的每一念心』。

当下大师

有一位善于解决人生困境的老师，身边聚集了许多慕名而来的弟子。

这些追随的弟子，每次有什么疑问来问老师，老师总是说："要'活在当下'呀！"

但是，"活在当下"是多么简单的答案，无法满足弟子的要求，他们总是恳求老师给一个更深奥和更详尽的解答。

这时候，老师就会面有难色地说："好吧！既然如此，等我查一查古代的圣贤是怎么说的，明天再告诉你，对于这么深奥的问题，他们一定有很好的答案呀！"

原来，老师有一本大书，记载了古代圣贤最重要的智慧。书锁在书房最高的柜子里，由于这本书是如此珍贵，他严禁任何弟子靠近。

第二天，等老师翻过那本大书，弟子就会得到一个充满智慧的答案。

可是，如果有了新的问题。

老师又说："要'活在当下'呀！"

弟子不满意的时候，老师会再一次翻阅大书，说出一个充满智慧的解答。

这样一而再，再而三，一年一年地过去，日子久了，弟子开始对老师起了质疑："老师只懂得一句'活在当下'，这是任何人都知道的事呀！不像古圣先贤，真的充满了智慧。"

一个弟子说："他自己并没有什么智慧，他只知道'活在当下'！"

另一个弟子说："老师的智慧和我们没有什么差别，差别只是他有一本圣贤的书，如果拥有那本书，我们自己就可以当老师了。"

还有一个弟子说："这个老师真的太差劲了，我们是来自各地的精英，谁不知道'活在当下'呢？这句话也轮得到他来说吗？我们想学的是古代圣贤的言论和思想呀！"

在背后议论老师久了，许多弟子都生起了这样的想法："等到老师死了，我只要抢到那本圣贤书，就可以做老师的继承人，收很多的弟子，靠为别人解决生命的困境维生了！"

老师渐渐老了，终于要告别人间了，他并没有指定任何的继承人，也没有把圣贤书交给任何弟子，他只说了一句遗言：

"要'活在当下'呀！"就咽下了最后一口气。

老师死了，弟子不但没有哀伤，反而一拥而上，冲进书房，争夺锁在最高柜子里的圣贤之书，甚至因为抢夺太激烈，把书柜都打破了。

他们把那本大书撕成好多残篇，才发现那本书根本是空白的，一个字也没有。

只有书的封面有老师的笔迹，写了四个大字：

"活在当下"。

“活在当下”是一般人都知道的，但只要更深一层思维，就会知道其中有很深的道理。

“当下”就是“即时”，是无限小又不固定的时间单位。那是因为时间是流转的，不会停留，也不会静止。

在时间转动的滚轮上，只有现在才有感觉的价值，一切的一切都是从“此时”开始。有此时，过去的回想才有落脚处；有此时，未来的想望才有根源处。

一切的时间，都属于过去与未来，而过去与未来，又要先有一个现在才成立。

严密地说：“现在”即可以无限地区分，因此，“现在”是在无限的远方，是一个无法把握，只能尽全力去体会、去感觉、去生活的瞬间。

在一个主知的时代，我们喜欢谈经论道、言玄说理，任何事情总要弄出一个理论，却忽视了怎么去体会、去感觉、去生活。

因此，“活在当下”是最重要的教化。任何知性，如果没有心的协助，学问与知识就会变得空乏，但是如果无知，心也会变得偏狭。

心与智都非常重要，但心比智还要重要。因为，使我们无所恐惧迎接“不可知的未来”，源于“当下的每一念心”。

二鬼争宝

从前有两个鬼，感情很好，他们共同拥有三件宝物：一个箱子、一双鞋子、一根手杖。

箱子只要打开，想要什么物品都可以变现出来。

鞋子只要穿上，就可以飞翔，甚至飞到天界去听美妙的音乐。

手杖里有大力量，可以制伏想要来抢箱子和鞋子的敌人。

这两个鬼相处久了，感情变得没有从前那么好，双方都向往着过自由的生活。

但是，他们没有办法分开，因为这三件宝物都是不能分割的。两个鬼为了三件宝物每天都在争吵，最后他们决定去找一个有智慧的人帮他们分宝。

他们奔行千里，终于找到一个智者，他们央求智者做一个公平的裁决。

智者看了那三样破旧的东西，说："你们为了这几件不值钱的东西每天争吵，还千里迢迢跑来找我仲裁，有这个必要吗？"

两鬼说："智者，你不要小看这三样东西。这小箱子，你想要什么都可以变现出来；这小鞋子，穿上了就可以飞上天界；这小手杖可以制伏一切的敌人呢！"

"哦！原来是如此神奇的东西，要怎么分配真是难倒我了。

你们在外面等一下，我进去认真思考，想个好方法，把三件宝物公平分给你们，让你们从此不会再有任何争执！”智者说完，径自拿着宝物走入内室，两个鬼就站在外面，耐心地等候着。

智者进屋之后，毫不犹豫地穿上飞行的鞋子，一手拿箱，一手执杖，飞上天空。

两个鬼看见了，冲过来要抢回宝物，却被那根手杖打落在地上。

智者在空中说：“你们争执不下的东西，我拿走了，从今以后你们不会再有争执，你们自由了。”

如果有人问我，人生有什么三宝？

我会毫不迟疑地说：身、心、灵。

我们的灵性是一个丰富的箱子，可以变现出一切美好的事物。

我们的心是一双可以飞翔的鞋子，使我们能爱、能感受、能想象，能超越生命的痛苦与折磨。

我们的身体则是用来保护我们的心有更好的品质，我们的灵性能迈向更高的境界，正如护卫箱子与鞋子的手杖。

在我们的人生里，不论是爱、是美、是一切的珍宝，都是不能分割的，而且要透过分享才有意义和价值。

爱的分享虽不免情的争执，但总比空虚的自由要好得多了。

白月与晨星

从前有个年轻人，名字叫白月，自幼聪慧、热爱学习。到十五岁那年，他自认为是居住的城镇里最有智慧的人，附近的城镇也没有人够资格当自己的老师了。

这使白月非常困惑，他常常自言自语：“找不到老师实在是人生里非常痛苦的事。我一定要去追求生命的最高智慧，但最高智慧必然要有老师指导，我究竟要到何处才能找到可以指导的最高智慧的老师呢？”

有一天，白月听到远方来的旅人谈论，在遥远海边的一座城市，有一个名叫晨星的智者，夜观明星而悟道，被誉为最有智慧的人。

白月于是拜别父母，越过千山万水去探访晨星大师。一路上，白月都在念着他未来老师的形象：“要做我的老师不只要有智慧，我想，他一定是穿着洁净的白袍，长长的白胡子飘在胸前，坐在蒲团上，手里摇着一把扇子。”

好不容易到达海边城市，找到晨星大师时，白月大吃一惊。因为这传说中的大师是一个不修边幅的年轻人，他衣衫褴褛，坐在路旁的石头上，为一些远方来求教的人解除迷惑。

看到晨星大师像乞丐一样，白月心想：“这样的人怎么可以当我的老师？”

心里虽然这样想，他还是忍住疑惑，坐在旁边听晨星大师讲道。白月的内心非常佩服，眼前的年轻人显然智慧远高于自己，但他的理智并不臣服，“我一定可以找到更好的老师，有更高的智慧和更体面的外表。”

白月对晨星大师说：“我很佩服您的智慧，但我深信我的老师另有其人。您可不可以指示我找到老师的方向？您可不可以告诉我，未来的老师的样子？”

晨星大师说：“你应该往东方寻找，终有一天你会找到你的老师。”

“但是，我怎么才能认出他是我的老师？”

“你遇到的人，他会坐在一棵高大的菩提树下，有白色的头发和灰白的胡子，他的眼睛闪着红光。你遇见他的时候，会闻到麝香的香味，也会听到虫鸣和鸟声。”

听了晨星大师的指示，白月就一直往东方走，他的内心欣喜若狂。因为以前找老师如同大海捞针，现在终于知道老师的条件：一、坐在菩提树下；二、白头发灰白胡子；三、有红光的眼睛；四、周围有麝香味；五、有虫鸣和鸟叫。

“只要找到符合这五个条件的，便是自己的老师了，像晨星大师这么有智慧的人是不会乱说的。”白月心里这样想着。

出乎白月意料的是，符合这五个条件的老师并没有想象中容易找到。他越过一座又一座高山、走过一个又一个城镇，就是找不到晨星大师所说的老师，但老师的形象早就在他的内心成形。他的嗅觉锻炼得很敏锐，听觉也非常细腻，他最强烈的信心是："只要有符合这五个条件的老师在我的眼前，我一眼就能认出他来，绝对不会错过。"

白月的旅行经过三十年，每听到哪里有一个老师，他一定会去。但他找不到菩提树，找不到红眼，找不到麝香……他并不灰心，他想着："像晨星大师这样能遍知过去与未来的智者，不可能欺骗我！"

有一天，白月抵达了一个海边的城镇，听说当地有一个智者，立刻就跑去参访。他远远就看到一棵高大的菩提树，空中响着虫鸣和鸟声，一阵一阵麝香随风飘送。

他的心越跳越快，脚下也忍不住狂奔。

当白月看到树下白头发灰白胡子的老人，眼中闪动着红光，忍不住涕泪纵横地拜倒在老人的脚下。好不容易止住哭泣，白月说："师父呀！我找您已经三十年了，我找您找得好苦呀！"

"我也在这里等你等了三十年，你抬起头来看看我！"老人慈悲地说。

白月抬头一看，吓了一大跳，这不是三十年前叫我到东方找老师的晨星大师吗？这不是在开我玩笑吗？我白白浪费了三十年，不然我早就成为有大智慧的人了！白月脑中闪着许许多多的念头，使他再度悲哀地哭泣，他边哭边说：

"您为什么要这样开玩笑？三十年白白浪费了！您为什么不在一见面时就告诉我，您将会是我的老师？"

晨星大师微笑着说："三十年前，你还没有准备好，你看看四周，一切都没有改变。但是三十年前，你既没有看见菩提树，也没有听见虫和鸟的歌唱；你既闻不到自己内心的芳香，也看不到我眼中的智慧之火，那么，你又怎么能体会到我内在的智慧呢？”

白月听了，停止了哭泣，想到三十年前自己见晨星大师的样子，那么年轻又那么高傲，那么无知又那么粗糙。这三十年的寻找，使他变得谦逊和敏感，整个感觉增强了，整个内心也开放了。

晨星大师又说：“除非你的眼睛能够看，你的鼻子能够闻，你的耳朵能够听，你的心能够感觉，你的内在能保持觉知，尘世的灰尘才会落下，智慧的门才会打开。智慧的门打开了，总有一天会找到最高的智慧，有老师或没有老师就没有什么差别了！”

青年时代，第一次读到释迦牟尼佛“夜观明星而悟道”，内心充满了感动，也充满了迷惑。

感动的是那种无法言说的优美。在沉寂的夜色中，一个人竟然只是看着星星，就得到最深的智慧，解脱了，自由了。

迷惑的是我们几乎夜夜看见明星，在心宁幽静的时候也会有“观”，为什么我们还是一介凡夫，悟不到智慧呢？

年岁渐长，使我每年看星时都有不同的感受，甚至，每天看星时感受都不同。这时才知道恒星永在，我们的生活、思想、慧解却是与时俱进。所以，这世界永远都以同样的姿态启示我们，世界无痕，我们是否有着自我的提升和启示呢？

有一天深夜，我独自在台北故宫博物院的阶梯上散步，人声寂寂、灯火幽暗，我登上最高处的平台，坐在左右两只白鹤的中间，仰头看星星。

专注、无为、静心地看着星星。

星星为所有的人闪亮，但这世间看星的人却很少很少！

当我们专注地看星，会看见星星的光，星星的笑，星星的美。星星，仿佛为我们指路。

回到家写作时，我就把星星拟人化了。

神奇苹果

一个巫师临死前，把他最珍贵的三样宝物传给三个儿子。

大儿子得到的是一面镜子，能随心所欲看到任何地方正在发生的事。

二儿子得到的是一条飞毯，能随心所欲地飞到任何想去的地方。

小儿子得到的是一个苹果，能治疗任何严重的疾病。

有一天，大儿子在镜子面前想要看看皇宫里美丽的公主，当他这样想的时候，皇宫里的公主就显现在他的眼前。

原来，公主患了一种严重而奇怪的疾病，正缠绵病榻，群医束手。

忧心的国王于是宣布："只要有人能治好公主的病，就把公主许配给他，并且分给他一半的国土。"

巫师的大儿子从镜子里看到这种情景，就把两个弟弟找来，商量一起到皇宫去解救生病的公主。弟弟们立刻欣然同意了。

三兄弟坐上老二的飞毯，飞越王国的上空，飞进皇宫里面。

小弟把苹果送给公主吃了，公主的病很快就痊愈了。

但是信守诺言的国王却非常地烦恼，因为公主的疾病会痊愈是由于三兄弟的合作。如果没有镜子，他们不可能知道公主生病；如果没有飞毯，他们也不可能飞来为公主治病；如果没有苹果，公主的病不会痊愈。

“三兄弟的功劳都一样的大，可是只有一位公主，到底要许配给谁呢？”国王在皇宫内苦思终日，没有结果，决定去问问公主的意见。

“女儿呀！这一次你的病会好，是因为巫师的三个儿子共同奉献的结果。我必须遵守以前的诺言，把半个王国分给三个兄弟，但是你却不能同时嫁给三个人，你觉得应该嫁给谁呢？”

公主说：“当然是嫁给小弟了。”

国王说：“为什么呢？”

“因为大哥的镜子还在，二哥的飞毯还在，小弟却失去了最珍贵的苹果，能把仅有的宝贵的东西献给别人才是最高贵的情操呀！”公主说。

布施是很美好的事，但布施的境界却分很多层次。

把自己多余的东西，送给需要的人。

把自己珍爱的东西，送给不需要的人。

最殊胜的布施，是将自己唯一的、珍爱的东西布施给最需要的人。

因此，布施需要时机，也需要智慧。

及时而有智慧的布施，虽然不望回报，但在虚空中已经写下了幸福的报偿。

圣人、妻子和老虎

有一个青年，听说喜马拉雅山的山腰上居住着一位有德行的圣人，这位圣人有着超凡的智慧，在灵性上已达到了完美境界。

青年便想去追随这位圣人，他跋山涉水，费尽千辛万苦才抵达喜马拉雅山山腰，传说中圣人居住的地方。

圣人的居处果然不同凡俗，被茂密的树林所围绕，显得那么朴素、雅净而安宁。

青年恭敬地敲门，没想到来应门的是一个蓬头垢面的老太太，并且满脸的怨气。

青年非常礼貌地问："请问大慧先生在吗？"

老太太没好气地白了青年一眼，说："你找那个疯子和笨蛋干吗？"

听老太太这样说，青年十分吃惊，为什么这位声名传到千里之外的大智慧者，在老太太的眼中却是疯子和笨蛋呢？他忍不住问道："您是大慧先生的什么人？为什么说他是疯子和笨蛋呢？"

老太太双眼一瞪，露出鄙夷的表情："很不幸！我正是那个疯子和笨蛋的老婆。那个老不死的，有时候整天胡言乱语，说一些和生活毫不相干的话，什么灵性呀、大爱呀、美感呀、开悟呀！有时候一坐就好几天，动也不动，八竿子打不出一个屁来，那不正是疯子的行径吗？”

老太太越说越气：“还有，还有，那个老鬼既不会耕田，也不会砍柴，家里有没有米他一点也不关心。他不是在森林里散步，就是默默地看着天上的明星；他不是观看一朵路边的野花，就是和动物玩耍说话，那不正是笨蛋的行为吗？”

老太太不断地诉说一些贬损大慧先生的话，使青年越听越迷惑，不知道该不该和传说中的圣人见面。他随即想到自己费尽千辛万苦才到了喜马拉雅山，不管是真是假、是对是错，还是见了圣人再说吧！

“那么，大慧先生现在在哪里呢？”

“我差遣他到森林去砍一些柴火。”老太太气呼呼地说，“已经去了一整天，还没有消息，有时候一去就是好几天，真是无用呀！”

青年决定去碰碰运气，往森林的深处走去。走没多久，就看到一个白胡子的老先生一边唱歌，一边走出森林，身旁跟着一只老虎和一只猩猩，老虎背着柴薪，猩猩拿着斧头。

老先生满脸红光，就像春天早上升起的太阳，他的脸上洋溢着喜悦，仿佛草尖的露水那么晶莹。他缓缓走来，如同一棵巨树在风中，宁静，自有风姿。

青年的内心涌起一阵狂喜，忍不住双手合十：“大慧先生吗？”

老人欢喜地笑了，他的笑深邃而天真，像是秋天里湛蓝的天空。

大慧先生说："不要怀疑，你看到的都是真的。我的妻子、老虎、猩猩都是真的，我只是把太太带给我的痛苦重担，叫我的动物朋友分摊罢了！"

"大慧先生，我不能明白的是，您看起来就知道是一个智者，为什么和您生活的妻子却说您是疯子和笨蛋呢？"

"这一点也不奇怪呀！在只重视物质的人看来，重视灵性胜过物质的人都是疯子；对只愿意把时间花在有形生活的人来说，任何花时间在心灵世界的人都是笨蛋呀！"

"大慧先生，我更不明白的是，您可以轻易地教化最凶猛的动物，为什么不能教化您的太太呢？"

"你完全搞错了，年轻人，只有那样的太太，才是最好的锻炼呀！锻炼出什么样的深度，只有身临其境的人才会知道。"

青年听了感动不已，立即拜大慧先生为师。

从此，如果有人到传说中圣人的居处敲门，来开门的老太太总是说："你找那个老疯子和小笨蛋干吗？"

大哲学家苏格拉底有很多学生。

有一天，一位学生对他说："老师，我要结婚了，您有什么话可以祝福我？"

苏格拉底说："你要结婚了，恭喜你！如果你娶到贤慧的太太，你会过着幸福快乐的日子；如果你娶到不好的太太，你会和我一样，成为哲学家。"

又有一天，一位学生对他说："老师，我要离婚了，您可以给我什么建议？”

苏格拉底说：“如果你从前的婚姻非常幸福，那么你已留下美好的回忆，我恭喜你！如果你的婚姻非常不幸福，我也恭喜你，因为你自由了！”

这真是智慧之言。

即使是智慧高超的人，也不见得能超脱生活所带来的磨难，而往往智慧高超的人，越是无法得到更深的了解。但磨难与误解，并不会减损智慧的光芒。

这就是台湾人常说的“近庙欺神”，我们最好不要到庙隔壁的人家去问神明灵不灵验。因为他们和神明同住多年，并没有更有钱，也没有更大的福报。

智者也是如此，智者也过着平凡的生活，或者也有无能的一面，他们只是更重视灵性与智慧罢了！重视灵性与智慧的人，才会看见智者。

蜘蛛、蚊子与疯子

大卫王在某次战争时，被敌人包围，在穷途末路时，他逃入附近的洞穴。

就在洞穴的入口，正好有一只蜘蛛开始织网。

不久，敌人的追兵赶到，在洞口站住了，蜘蛛的网刚好织完，敌人看到洞口的蜘蛛网完好，认为大卫王不可能跑入洞中，就退兵了。

还有一次，大卫王的军队与敌国对峙多时，战况胶着。他就想到潜入敌方将军的卧房，偷取将军的指挥刀，然后在次日早晨向敌军招降："你的刀我都可以轻易夺来，再也没有比杀你更简单的事。我所以不杀你，是希望和你携手共创大业呀！"

当天夜里，大卫王亲自潜入将军的卧房，指挥刀却垫在将军脚下，一直没办法拿到。

正在大卫王焦急不堪的时候，飞来一只蚊子，落在将军的脚上，将军无意识地抬脚，大卫王终于偷到指挥刀。

第二天，他依计向敌军喊话，将军就投降了。

还有一次，大卫王被敌人包围，正千钧一发的时候，他装成疯子。

敌军认为大卫王这么尊贵的人，不可能为了逃命装成疯子，就离开了。

大卫王后来成为古代以色列的第二代王，他即位后的重要宣示是：

“世间没有无用之物，不管是什么东西，我们都不应该加以忽视。”

文殊菩萨是佛教里象征智慧的菩萨，他在经典里说过两句话：“遇缘则有师”“天下无不是药的草”。

“遇缘则有师”，意思是天下并没有固定的老师，在任何因缘中都有老师。老师可能是一只蜘蛛、一只蚊子，或一个疯子，只要能启发我们的，就是我们的老师。“天下无不是药的草”，意思是普天之下的每一棵草都可以做药，如果还不能做药，那是因为功效尚未被人发现，不是草的无用呀！

小到每棵草都能做药，生命中的大风大浪大考验，更是我们的智慧之药啊！

文殊菩萨因为珍惜每一个因缘的学习，不轻忽小如寸草的启发，才使他智慧高远，成为诸佛的老师。

水泡花环

从前有一个公主，受到国王的宠爱，因此变得非常娇纵。

有一天，公主坐在花园的湖边赏花，突然下起一阵大雨，雨水打在湖上，生起了许多水泡，水泡大大小小在雨中生起灭去，非常美丽。

公主很喜欢那些水泡，心想："我虽然是公主，但是我的大部分的东西没什么稀奇。如果能用水泡做一个花环戴在头上，一定很稀有呀！"

于是，公主跑去见国王，对国王说：

"父王，我很喜欢下雨时湖上的水泡，您可不可以找人用水泡做一个花环让我戴在头上呢？"

国王说："水泡连用手都拿不起来，如何能做成花环呢？"

公主听了，把嘴嘟得好高："不管啦！我一定要一个水泡做的花环，如果得不到，我就要自杀！"

说着，公主就冲进房间，把自己反锁在里面，国王非常头痛，深怕公主真的自杀了。

国王将国内最有名的巧匠全都召来，宣布说："你们是我国最知名的巧匠，听说没有不能制造的东西。现在，你们就去取水泡来为公主做花环，做成了，重重有赏，做不成，我就把你们全部斩首！"

巧匠面面相觑，对国王说：“我们不懂得用水泡做花环呀！”

国王听了十分生气，正要发作，有一位年老的匠人站了出来，说：“大王请息怒，我曾经学过用水泡做花环的方法，愿意为公主做一个水泡花环。”

国王很欢喜，跑去敲公主的门说：“女儿呀！我终于为你找到一位做水泡花环的人了，你快出来看看。”

公主开心地打开门，跑出来见那位懂得做水泡花环的老匠人。

老匠人对公主说：

“我虽然懂得做水泡花环，却不知道公主喜欢什么样的水泡。请公主到湖边把自己喜欢的水泡取来，我很快就能为公主穿一个花环了。”

公主蹦蹦跳跳地跑到湖边，想要捞取自己喜欢的水泡。但是只要一碰触，水泡就破灭了，试了半天，连一个水泡也捞不起来。

最后，公主觉得很累了，跑回来对国王说：

“父王呀！水泡是不实在的，根本无法做花环。希望父王给我做一个紫金环，戴在头上，终日终夜，永远也不枯萎。”

《金刚经》里有一个著名的偈语：

一切有为法
如梦幻泡影
如露亦如电

应作如是观

这个寓言可以说是偈语的具体呈现，人生里的一切，看起来是如此真实。梦是真实的，否则怎么会令我们哭笑？想象是真实的，否则怎么会让我们神往？水泡是真实的，否则在阳光下怎么会有彩虹？影子也是真实的，否则怎么一直跟随着我们？

一切一切都是如此真实，但在回忆时使我们感到空茫，想把过去的一切拿出来检视，一如水泡破去！

世上是不是真有日日夜夜永远不枯萎的紫金环呢？

依照佛教的说法，只有智慧和慈悲才是不会枯萎的紫金环。智慧是通往真理之路，慈悲则是爱的深化和广化。

生命虽如水泡不实，但每天有一点领悟、每天多懂得一点爱，就是在为自己做一顶紫金的花环。

七对好朋友

在一大片森林的东边，住了七个好朋友，名字叫作柴、米、油、盐、酱、醋、茶。他们每天的生活就是生火烧柴、吃饭喝茶、添油加醋，日子虽然平安，却总觉得缺少什么。久了之后，越来越无聊，于是相约到海上去寻找有趣的事。

森林的西边，住了另外七个好朋友，名字叫作琴、棋、书、画、诗、酒、花。他们每天的生活就是弹琴下棋、吟诗作画、喝酒赏花，日子虽然有趣，却不充实。有一天，书就说了："我听说这世界上有人流汗劳作，也是非常有味道的，不如我们大家到海上去看看，寻找有趣的事。"大家都拍手叫好。

于是，柴米油盐酱醋茶坐一艘船，琴棋书画诗酒花也坐一艘船，不约而同地从森林的东西两边出发了，他们同时抵达大海上的一个小岛。

当他们相遇的时候，都高兴极了，觉得双方似曾相识，还是诗比较浪漫，他说："我们既然这样相见恨晚，不如各找一个来义结金兰吧！"

首先，要结成兄弟的是茶和酒，茶对酒说："我有翠绿的外表，你有多彩的心思；我的性情平淡温和，你的个性热烈奔放；我守分，你狂狷。我们互补所长，一定会成为很好的兄弟呀！"

酒大笑说："好呀，好呀！日后我迷乱破坏的时候，茶哥哥可记得提醒我！”

其次，要结兄弟的是柴和琴，柴说：“从前听人说木柴若得遇知音，最高的境界就是成为一把琴。今天一见到兄弟，才知道从前的人所言不虚，兄弟果然神采不凡、谈吐清雅，如果能修成像兄弟一样，我死也不枉了。”

琴对柴说：“这有何难，只要柴兄能虚其心、空其志，自有好音天上来。”

书和米结了兄弟，因为米是身体的粮食，书是心灵的药食。

盐和诗成了一对，盐是食物的调味，诗是思想的调味。

棋与醋、花和酱、画与油也都成了一家，他们相约回到森林之后，要把森林的界限打破，七对好朋友住在一起。

后来，他们从海上回来，森林果然和从前不一样了。他们的生活变成平安而多彩、有趣又充实，天天都开心极了。

年轻的时候读过一首诗：

> 琴棋书画诗酒花，
> 当年件件不离它。
> 如今事事都更变，
> 柴米油盐酱醋茶。

当时的感触很深，觉得这是人生的悲情，每个人都有浪漫的青年时代，却在岁月的磨洗下，成为完全物质化的人。但是总认为，一个人不可能完全丢掉浪漫情怀，失去一切心灵的追求吧！所以对人的感性存一丝寄望。

二十几年后的现在回想起来，感触更深了，确实有许多人，彻底失去心灵的追求和感性的浪漫了。当琴棋书画诗酒花的心情都消失，一个人就不免成为物质与欲望的奴隶。

人到中年，倾向现实，这是无可避免的，我们也不必排斥生活的现实。我总觉得，一个人在浪花滔滔的人生，犹如山谷上的走索人，需要一根平衡杆，否则很容易落入凡俗的大浪里。平衡木的一边是物质，另一边是灵性；左边是欲望，右边必须是智慧；若是偏重于任何一边，就会失足了。

所以，在人生的大森林里，不论我们是青年、中年或老年，吃饭喝茶是必要的；饮酒赋诗是必要的；添油加醋是必要的；读书赏花是必要的……外在的生活既是这样必要，内心的启发也是一样必要。一边侧耳倾听神秘的琴音和心灵开花之声，一边为自己的人生加点油、添一些柴火，才可以既得无益之趣、兼治有为之生呀！

树与鸟的对话

一棵杨桃树看见一只鸟飞过去，就高声地把鸟叫住。

“鸟哥哥，我的杨桃已经熟透了，要不要来吃一点呀！”

鸟笑着说：“不了，不了，我还是飞到更远的山上找别的东西吃。”

树央求地说：“山上的东西哪里有我的杨桃好吃呢？我可不是山上那种酸不拉叽的杨桃，我是主人悉心栽培的杨桃。你看！我的外表是如此完美，内心充满了汁液，再也没有比这更可口的杨桃了。”

鸟说：“我可不像人类那么笨，我还要保命呢！你看看你下面那些草，还有落在地上的毛虫，我可不想和他们一样的下场。”

原来，树下面的杂草，都因为除草剂而萎黄了，地上则散落着被农药杀死的毛虫尸体。

树笑着说：“唉呀！你不用担心这个。我听主人说，除草剂只用来杀草，对树是无害的，农药也只用来杀虫，杀不了你的。”

鸟说：“什么动物的话我都愿意相信，只有人类的话我不相信。我确信，凡是有毒的东西，不管是对草、对虫、对人、对鸟，甚至对土地都是有害的，你的果实里充满了毒素，还是留给人自己去享用吧！我们鸟比人还要珍惜生命呀！我连停在你的树干上休息都感到害怕哩！”

说完，鸟就飞走了。

一整个夏天，杨桃树都在果园里呼唤鸟来吃它的果实，经过主人的多次采收，说也奇怪，竟然从来没有一只鸟愿意下来吃杨桃，甚至不敢停在树干上休息。

杨桃树终于悟到一个道理：

“鸟真的比人还珍惜生命，在爱惜生命这一点上，鸟比人还有智慧。”

我有一个远房表哥，在乡下种了一大片杨桃树，为了使杨桃长得漂亮，有更好的价钱，经常要喷洒农药和除草剂。

但是，那果园里的杨桃，自己家里是不吃的。在果园的最角落，有五棵杨桃树是从不喷洒农药的，留给自己食用，以及赠送亲友。

他发现了一个很有趣的现象，每当杨桃成熟时，鸟雀只愿意食用未喷洒农药的五棵杨桃，它们决不会飞入果园去吃那洒了农药的杨桃。

表哥对我说：“我感到很奇怪，我既没有贴布告，也没有通知那些鸟，它们却全都知道这五棵是不洒农药的。我在果园门口贴了告示：‘果园刚喷洒农药，请勿摘取’，还常常被人盗采，运到市场去卖的时候，农药用得越重的水果，卖得越好。”

表哥百思不得其解，最后得到一个结论：“天上的每一只鸟，都比人更有智慧，因为它们可以分辨好坏。天上的每一只鸟，都比人更珍惜生命，因为人知道有毒还是拼命吃，鸟只要知道有毒，宁可挨饿，也不会去吃呀！”

从表哥的杨桃园回来的路上，心里百感交集，想到自称是“万物之灵”的人，在某些方面是非常愚笨的。我们每天都在互相下毒，甚至给自己下毒而不自知；我们人人都被表面的美好无瑕迷惑，完全不思索实相而不自觉。

我们之所以没有像毛虫一样立即死去，或者像小草一样马上枯萎，并非人有金刚不坏之身，只是我们的体积较大罢了！

回到老家，我在种满桃花心木的林间散步，然后写了这个寓言。

路边的金翅鸟巢

阿修罗王非常羡慕帝释天王有美好的宫殿，更羡慕帝释天王被尊为众神之王。

渐渐地，阿修罗王的羡慕转为嫉妒，他心里想："我的能力与智慧并不会输给帝释天，为什么别人不叫我众神之王呢？我有着天界最强的军队，为什么不能拥有那么豪华的宫殿呢？为什么最美丽的天女，不肯跟随我，而要追随帝释天呢？"

阿修罗王是非常粗暴和善妒的天神，他越想越气，"以我的能力，要占领帝释天的宫殿是轻而易举的，我应该取而代之。"

阿修罗王便召集了他的魔军，向帝释天王的宫殿前进，平常过着安逸生活的帝释天王和他的天兵天将，由于疏于作战，当然不是阿修罗军的对手。

帝释天王的军队兵败如山倒，很快就溃逃了。

阿修罗心想："这次一定要消灭帝释天，彻底占领他的疆域！"

于是，阿修罗王领军追击，想要一举消灭帝释天王。就在这个时候，帝释天王在马路上，看见前方马路边有一个金翅鸟的巢，巢里有刚刚孵化的小鸟。

帝释天王是非常慈悲的天神，他心想："如果大军继续前进，金翅鸟巢一定会震落，小鸟也必然会死在车轮下。战争是我和阿修罗的事，不应该伤及无辜的小鸟。如今，宁可回头再战一场，也不能让眼见的悲剧发生！”

帝释天王想到这里，立刻叫大军停止前进，转头向敌军追来的方向行军。

心胸狭小、善嫉猜疑的阿修罗王，看到帝释天王的大军突然反转，大吃一惊。心想：“本来在逃窜的军队怎么会突然反扑呢？其中如果不是阴谋，就是陷阱！”

阿修罗王立刻下令，调转军队，向相反的方向逃窜而去了。

情势瞬间逆转，帝释天王因为一念之仁，不只保住了小鸟的生命，也保住了王位和宫殿。

这是《杂阿含经》里的一个寓言，在经典里，阿修罗王和帝释天王可以说是旗逢对手。他们的能力、权势、福报几乎等量齐观，不同的是阿修罗王贪、嗔、痴炽热，帝释天王则慈悲、智慧、愿力广大。

愤恨的阿修罗王一再地发兵攻打帝释天王，却总是战败。在经典里，关键时刻，阿修罗王都失败于像鸟巢这样的小事上。

我觉得这是个了不起的象征，也是个动人的伏笔。鸟巢绝非小事，不论是在天界，或是在人间，大至发起战争，小至办公室的争斗，总会听见这样的语言：“为了民族大义，牺牲一两个人不算什么！”“为了公司的整体利益，牺牲一两个人无所谓！”

这种想法就是非常阿修罗的。其实，失去了对少数人的体恤之心，正是偏狭的生命态度，这也是阿修罗常为魔道，帝释天永为善神的关键。正义，最后总是站在仁厚的那一边！

奶油一定会浮起来

有一个年轻人，伤心哀哭地来到佛陀释迦牟尼的面前。

佛陀慈悲地问他："你为什么伤心地哭泣呢？"

"因为，我的父亲昨天过世了。"年轻人说。

"你的父亲已经过世，哭得再伤心也不能使他活过来呀！"

"我知道，我哭得再伤心，父亲也不会活过来，但是，我来请求佛陀帮帮我的父亲。"

"我能为你死去的父亲做些什么呢？"

年轻人说："您这么有能力，这么有智慧，又是这么慈悲，一定可以帮助我的父亲。那些资历尚浅的巫师术士都会为死去的人举行各种仪式，宣称只要在人间举行仪式，就可以为死者打开天堂的门。佛陀啊！您的智慧和能力胜过他们何止千万倍，只要您答应，一定可以帮我父亲进入天堂的。"

佛陀熬不过年轻人的恳求，就说："好吧！你去市场买两只陶壶来。"年轻人一听，立刻止住哭泣，心想佛陀答应他为亡父举行仪式了。

他开心地跑到市场，买了两只陶壶回来。

佛陀说："很好，现在把一只壶装满奶油。"

年轻人照着做了。

"再来，把另一只壶装满小石头。"

年轻人也照做了。

“现在，两只壶的壶口都封住。”

年轻人又照做了。

“把两只壶都丢到池塘里。”

年轻人立刻把壶丢入池塘，很快地，壶沉到池底。

“现在，去找一根大木棍来，敲破池底的两只壶。”佛陀说。

年轻人跑去找木棍，一边跑一边内心充满喜悦，心想佛陀真的很慈悲，正为自己的父亲进行着从来没有听过的庄严仪式。

他很快找到一根木棍，照着佛陀的吩咐把池底的两只壶敲破。

一只壶中的奶油立刻浮出水面，在水上漂浮。

另一只壶中的石头则散开来，深入池底。

佛陀对年轻人说：“好了，现在你去把城里最好的巫师术士都请来，叫他们举行各种仪式，让水面的奶油沉下去，池底的石头浮上来。”

年轻人非常惊讶地说：“佛陀，这怎么可能呢？石头比水重，只会下沉，这是自然法则；奶油比水轻，只会浮起，这也是自然法则呀！”

佛陀说：“你对自然法则很有了解，你也应该来体验这个自然法则：如果你的父亲生前所做的善事都像奶油一样轻，自然会升入天堂，没有人能阻止他升天；如果你的父亲生前做了许多恶事，就会像石头一样重，坠入地狱，也没有人能阻止他下沉呀！这正是我要教你的自然法则；做了不对的事情，就使自己堕落污染；做了对的事情，就使自己上升清净。”

九二一集集大地震，使我恸心地想起从前做报道文学的日子。

我曾多次深入台湾的埔里、草屯、东势、水里、鱼池、集集、仁爱、信义等地采访，如今却都成为伤亡最惨重的灾区。几年前，我也曾多次到埔里、草屯、水里为当地的居民演讲，认识了许多朋友。

我一直认为这些地方是台湾风景最优美的地方，那里的人也是台湾最善良淳朴的百姓。

如今，却被无情的地震在几分钟内夷为平地，想到那些朋友，我忍不住哀伤哭泣，夜不成眠，内心感到无比疼惜和苦恸！

时序已近中秋了，中秋是团圆之日，连续几天，我都坐在月光下，无语问苍天；天地不仁，以万物为刍狗，最善良淳朴的人却被最残酷惨烈地夺去生命，月亮呀！请你作证，老天到底有没有眼睛，老天到底公不公平？

一个朋友质问我：“如此良善的人却遭天谴，在佛教里又是怎么说呢？”

我就想起了这个佛经的故事。

我深信，不论在今生有什么样的遭遇，良善的人的善行，必会像奶油一样，浮出水面，升入天堂。

在月光下，我们只能安慰劫后余生的人，祝祷不幸往生的人，他们的善良与淳朴，必会浮起，像白云一样，飞入蓝天的怀抱。

给我一粒芥菜子

从前，在舍卫国有一个名叫瞿昙弥的少女，相貌端正、身材苗条，后来嫁给一个年轻的富翁，生了一个聪明可爱的孩子。

从世俗的眼光看，瞿昙弥是非常幸福的，但是，不幸却突然降临在她身上，她的儿子刚学会走路的时候，因为突发的事故去世了。

瞿昙弥为此痛苦不已，她整天抱着死去的儿子跑来跑去，到处请教别人可否救治她的独子，见到的人都表示爱莫能助。但是有一个人介绍她去见佛陀释迦牟尼，那个人说："听说佛陀有世上最好的药，说不定他有救治你儿子的药呢！"

她就跑去请求佛陀："佛陀呀！听说您有可以救治我儿子的药，请您发发慈悲，救活我的孩子吧！"

佛陀说："好吧！我可以救治你的孩子，但是你必须先去要一些芥菜种子来，这些芥菜种子必须来自没有任何亲人死亡的家庭！"

瞿昙弥听了大喜过望，便沿街敲门询问："你们家有芥菜种子吗？"

每一家都说："有呀！我们家有芥菜种子。"

"那么，你们家有没有任何亲人曾经死亡呢？"

每一家都说："有呀！自从先祖以来，我们家有无数的人死亡，死去的人比活着的人还多呢！”

她家家户户地问，每一家都很乐意帮助她，只是她却找不到一户从来没有亲人去世的家庭。天色渐渐晚了，站在街头疲累不堪的瞿昙弥终于明白：“在这个世界上，不是只有我的儿子过世，任何人家都有亲人过世。而且，不管任何人家，死去的人总是比活着的人多呀！”

瞿昙弥的悲伤随着夕阳沉落了，她悟到“有生必有死”的道理，擦干眼泪，她就在城外把儿子埋葬了。

她回来见佛陀，对佛陀说：“芥菜种子到处都有，却找不到一户不死人之家！”

佛陀说：“瞿昙弥，现在你终于明白，所有的众生都会死亡，而且在欲望尚未满足之时，死亡就夺走了人的生命！”

瞿昙弥了悟生命的变化和无常，便努力地修行。有一天在点燃油灯的时候，看到火焰明灭不断，她静观诸法无常，感叹地说：

“一如火焰明灭不断，世上一切众生也是这样，生生世世明灭不断，只有身心完全清净证得涅槃的人不会生灭呀！”

不只是静观着灯焰！

我也喜欢静观落花、流水、风云、季节，在那些变化与无常里，我感觉人也是大自然的一朵花或一滴流水，不论我们多么美丽地开放，终有一天，会无声地谢去！不论我们多么清澈湛然，总有一日，会静静地流向远方。

千百万年来，永永远远以来，水总是在一百度的时候沸腾，这是永不会改变的，人不也是如此吗？生命到了一百度，就自然地蒸发了，消失在空中。

死亡，应是人生中最大最深的悲情，却也是无可逃遁的悲情，所以，对人生的静观和对宇宙变化的冥想都是重要的，可以让我们在悲情里也有慧心的启示。

有一年春天，我在北京大学演讲，讲完后散步于北京街头，那时北京杨花正在谢落，杨花比离人的泪还多，铺天盖地，白蒙蒙的一片。我想到，随风的人生有如春末的杨花，点点飘向乌何有之乡！

但就在刚刚，我和一些朋友在未名湖畔静坐，由于大树围绕，没有一朵杨花飘进来，境深幽静，呀！如果我们沐浴在纯净里，一切的混乱和恐惧也会溶解吧！

我剪了一枝北京的杨花，挂在案头，它枯萎了，但那样的安静，那样的美！

不平凡禅师

有一位年老的禅师，身体突然急速地衰败，他自己也知道即将不久于人世。

圆寂之前，所有的弟子都聚集在他的身边，这时，禅师突然伤心地哭泣起来。

弟子看到师父伤心哭泣，都感到手足无措，因为他们确信师父是开悟的圣人，师父的行为高洁，受人崇拜；智慧广大就像虚空的云，慈悲深切连一只蚂蚁也不忍心伤害。

“师父为什么伤心哭泣呢？难道说师父有忘记修行的一天吗？”弟子问。

禅师摇头。

“难道说师父有过忘记行善的一天？”

禅师摇头。

“或者说师父也曾有心不清净的时候？”

禅师又摇头。

弟子问了许多问题，都得到否定的答案。

有一个弟子就说了：“师父，照理说您没有任何可以哭泣的理由，在心，您的修行已到了最高境界；在行，您是最受尊敬的行者；您已经超凡入圣，又有什么可以哭泣的事呢？”

禅师说：“这就是我痛哭的原因呀！我觉得最高的境界是站

在人群里不会显现特殊，内心清明而不被人盲目崇拜，过着平凡人的生活，舍圣入凡是我这一生最向往的境界，大家却说我是超凡入圣，我才会如此伤心呀！”

在我们的人生里，每个人都希望能迈向更高的境界，最好是成圣成贤、超凡入圣。

然而，当我们看着目标的时候，往往会忽视过程在人生中的意义；当我们自以为有身份有地位，就会自以为是，忽视了平凡的价值。

超凡入圣是困难的，但舍圣入凡更为艰难。放眼江山无限，圣凡的界限其实十分渺茫，思及千秋万世，圣人不死，大盗不止，平凡的生活正是身心安顿的依止之处。

以大树为师

拉苦是一个贫穷得无法形容的工人，他唯一的财物只有身上穿的一件旧衣服。

有一天，他受雇在田中犁田，突然看见一位出家人走过，拉苦从未看过出家人，于是好奇地问："您是做什么的？为什么穿着这么奇怪的衣服？"

出家人说："我是一个出家的比丘，因为感觉到人生的痛苦，才出家去寻找最高的智慧，以及生死解脱的方法呀！"

拉苦想到自己的生活，也深以为苦，就问："出家要有什么条件呢？"

比丘说："出家没有什么特殊的条件，施主也有兴趣吗？如果有兴趣，我的背包里还有一件僧袍，可以送给你穿。"

拉苦听了非常高兴，就把自己的旧衣服脱下，挂在田边的一棵大树上，披上比丘送的僧袍，随着出家了。

出家以后，拉苦才发现出家并没有想象中快乐。必须遵守很多的规矩，还要做很多的功课，又不能累积财物，贫穷的情况和他当工人时一样，但却要面对内心如山林、如波涛、如雷电的烦恼，压力远远大过当工人的时候。

每一次，当拉苦想到："出家这么痛苦，还不如还俗当工人算了，只要吃饱三餐，根本不必担心烦恼和生死的问题。"

拉苦一生起还俗的想法，就会跑回他出家的那一块田地，站在他挂旧衣服的大树前面，静静地思维和忏悔，他谴责自己：“你还想穿上那件破旧的衣服，过着艰困的生活吗？这世界上还有比智慧更珍贵的东西吗？为了追求智慧，内心受点折磨有什么关系呢？”

黄昏的时候，拉苦总是平静喜悦地回到僧团，别的比丘就问他：“你这一整天都去了哪里呢？”

拉苦说：“我去找我的老师，他给我开示和勇气。”

一些比丘都感到好奇：“为什么拉苦每隔几天就出去找老师，他的老师到底是谁呢？”

有一天，他们暗中跟随拉苦，看见他站在大树前面一整天，回到精舍就喧腾开来：“拉苦的老师原来是一棵田边毫不起眼的大树！”比丘争相嘲笑拉苦，他不以为意，心里一有不净的想法，就到田边去见老师。

后来，拉苦终于开悟得到最高的智慧，就不再返回田边看老师了，比丘问他：“你现在怎么不再去找你的大树老师呢？”

拉苦说：“我以前常常去找老师，是因为有需要，现在没有需要了，不用再回去找我的老师了。”

拉苦后来成为一位解脱的圣人，他留下一个重要的教化：“对一个有心求智慧的人，即使是田边的一棵大树，也可以做他的老师，何况那些有智慧的人呢？”

清晨，沿着溪边散步，清澈的溪水在阳光的照耀下泛起金色的水纹。

溪边的卵石由于露水与雾气，染成了玄黑与深灰交杂的颜色，衬得竹林和野草格外的翠绿。

再远的地方，一层层青绿的树，一层层深绿的山，一片片晶白的云，以及平坦、壮阔、无边的蓝天呀！

经过了一夜，放眼所见都在苏醒，都充满了活力，处处流动着生的意志，处处显露着美的讯息。

我知道，在溪边苏醒的是一切的万象，但在溪边苏醒的又何尝不是我的心呢？

溪水或阳光，有本质的美；卵石与小草，也有本质的美；山树或者云天，全有着本质的美……这些美，使我们感到谦卑，谦卑到自我消融的时候，美，就充满了我们的身心。

唯有身心完全打开，才能看见究竟的美。

阳光一直都在门外等待，但是门没有打开，它只有悄然离去。

清香的风一直在敲着窗户，但是窗户紧闭，它只有回到山上。

一切万象的美好，都是早就准备好的，但是我们不敞开心胸，所以听不到里面的讯息。

无法觉知世间的美好，不只我们自己感到遗憾，连那无言的万象也会感到可惜吧！因为从更高的观点看起来，人也是万象的一分子，正如溪畔的一块卵石，或是林边的一棵树。

正因为我们是万象中的一分子，所以，溪水、阳光，卵石、小草，山树、云天，每一个都可以作为我们的老师，都可以让我们进入更深的觉察，或者让我们更接近真理。

大漠甘泉

很久很久以前，新罗国（现在的韩国）有一位名叫元晓的法师，他年轻的时候参加战争，眼看着许多亲友死亡和家园被毁，于是剃度出家，在山上修行。

在山上，元晓读过无数的佛经，却无法领悟佛法的真意，他心想："我只有到中国去，找一位老师，才有可能指导我达到开悟之境！"

于是，元晓约了同是华严宗的学僧义湘法师，一起到唐朝留学。他们步行前往中国，打算横越北方的大漠，由于求法心切，他们整天步行，天黑了才休息。

有一天晚上，两人途经浙江省的小绿洲，停下来歇息，在几棵大树下，凉风习习，很快就睡着了。

到了半夜，元晓觉得非常口渴而惊醒，他四处找水喝，在大树后面找到一个水塘，水塘旁边放着一个杯子。

元晓心想："这水塘边的杯子一定是从前的旅人留下的吧！"他从水塘里舀了一杯水，一口就饮尽了。那水非常清凉甘美，是元晓生平喝过最好喝的水。他又多喝了几杯，然后跪下来对空顶礼，感激佛祖的护持，让他能在沙漠里喝到这么好的水。

元晓又在树下睡了一会儿。

当他睡醒的时候，天已经大亮了，他准备到树后的水塘漱洗，这时他大吃一惊。原来那一滩水里漂浮着死人的尸骨，蛆虫在其中蠕动；他昨夜喝水用的杯子，竟是一个死人的头盖骨！颧骨上还黏着一些血肉。

元晓和义湘即使口渴难耐，再也不敢喝一滴水了。想到昨夜用头骨喝水的情景，元晓的肠胃一阵翻滚，当他开口呕吐的时候，他开悟了。

元晓自言自语地说："昨晚，由于不见，没有起心动念，觉得水很甘美；今早，由于看见了，不是水令我作呕，而是起心动念的思维令我作呕。心创造好与坏、生与死，心是宇宙的主人，它创造了宇宙。没有思维，就没有宇宙、没有佛、没有法。一切是一，一即是空呀！"

他觉得不用再找师父了，因此转身，再度横越沙漠，返回新罗国。

卡夫卡曾写过一个故事：

在下大雪的夜里，一个迷路的旅人敲着一栋房子的门。

房子的主人非常纳闷："这么晚了，又是大雪夜，有谁会来呢？"

他从壁炉边披了大衣走到门口，当他开门时，才发现是个陌生人，刚刚穿过风雪，满脸沧桑，当主人抬头看到旅人走过雪地的脚步时，大为惊骇，他说：

"你的运气实在太好了。你刚刚笔直走来的路，实际上是一片池沼，上面只有一层薄冰，住在这里的人，没有人敢从那沼泽走过呀！"

在同样下大雪的夜里，一个当地居民被一群野狼袭击，跑到沼泽边上，他只要再直线跑一百米就可以跑进家里，躲过狼群。

不过，他知道家前就是一个结着薄冰的沼泽，他迟疑了半天，决定绕过沼泽奔跑，最后，他成为狼群的晚餐。

我们的人生不正是如此吗？当我们有信心的时候，万丈深的沼泽也可以赤脚奔跑；失去希望的时候，一尺深的水池也寸步难行呀！

当我们充满了爱的时候，内心就像一方甘美的清泉；愤恨满溢的时候，内心的池塘有如万千蛆虫蠕动。

当我们喜悦的时候，如同振衣于千仞之岗，云天宛然，身心轻如鹅毛；当我们陷入忧伤，就像爬行于万丈深渊，黯淡无光，身心重逾泰山！

眼前的生活，不正是大漠里的一小片绿洲吗？说它不清净，实在混浊不堪；说它清净，自有清泉涌出；呀！你喝的人生之茶，是什么颜色呢？

第六章　天上人间

如果能过有意义的生活，人间就是天上！不能过有意义的生活，天上就是人间！

天上人间

环玉天子和佩花仙女是住在天上，一对非常幸福的夫妻。天上的夫妻不像人间，他们既不吵架，也不哭泣；他们既不互相仇恨，也不互相伤害。

据说要在人间做了五百世恩爱的夫妻，才有福分在天上做神仙眷属。

住在天上的夫妻，他们想要食物就有好吃的食物，想要衣服就有美丽的衣服，因此，他们不必劳苦工作，也不必背负重担。他们时常牵着手在彩虹上散步，坐在云端与朋友喝茶，或者独自倾听天河的水声，欣赏自己美丽的容颜。

唯一使神仙眷属烦恼的是，仙寿也有享完的时候。在神仙寿命终了，他们会流汗，身上的香花会散落一地，头上的桂冠会枯萎，美丽的衣裳会一件一件飞去，最后，从站立或坐着的地方倾倒，在倾倒的那一刹那，如灯焰突然灭去，只留下一缕轻烟，飞散于虚空。

佩花仙女与环玉天子已经一起度过几千年幸福的生活，在最近的日子，她偶尔会生起这样的念头："这么幸福的生活不知道还有多久？"

有一天，佩花仙女飞到曼陀罗树上，想要采一些曼陀罗花给丈夫佩戴。因为所有的天人在出门前都要佩戴香花来妆扮自己，这些香花都是由妻子准备的。

环玉天子正在沐浴，他用白云蘸着阳光为自己净身，心里随意组合声音便化为美妙的音乐，音符随着光、镶着金边，流荡在家里美丽的花园里。

听着丈夫内心的音乐，佩花仙女站在树上有点醉了，这时，她开始流下一些香汗，使她暗暗心惊。

她以紫罗兰编的花冠突然落了下来，碎成星星。

她缀满衣裳的金色百里香花，也像烟火四散，化为碎钻。

她银色薄纱的晚装，一片一片一丝一缕地飞去，成为天边的朵朵白云。

来不及说一句话，她物化了。

从数丈高的白色曼陀罗花树上倾倒，倾倒，犹如闪光，消失了。

在消失的最后一刻，她的耳际还缭绕着丈夫的歌声。

佩花仙女再次醒过来时，听见了自己的哭声，原来她已经投生人间了。大人们都以为孩子诞生时是被空气惊吓而哭，其实不然，像佩花仙女就是因为心海中还留着丈夫的歌声，忆起在天上的幸福生活，忍不住悲哀啼泣。她出生时，屋里飘着曼陀罗花的香气，于是被取名为曼瑰。

曼瑰虽然记得天上的岁月，也常对父母亲人说："我是三十三天上环玉天子的妻子佩花仙女。"并说起天上的情景。

但是，家人都不相信她，以为是少女对美好爱情的幻梦。

曼瑰成年以后被父母许配给邻近的青年为妻，她虽然尽力扮演好妻子的角色，内心却惦记着天上的丈夫。她知道要重回丈夫的身旁，唯有在短暂的人生中拼命行善，并且永远保持着坚强的誓愿。

曼瑰经常在寺院中供养香花灯烛，以美味的斋品供养出家人，把食物衣服布施给穷人，她几乎就是为奉献与布施而生活着，并且把这种想法感动人间的丈夫，教育给四个孩子。

有一天，她在佛寺里供僧之后，突然感到头晕，靠着墙边休息，闻到一阵曼陀罗花香，就去世了。

张开眼睛，曼瑰正坐在曼陀罗树上采花，她看看自己的穿着，原来，她又化生为佩花仙女了。

环玉天子沐浴完毕，走进花园，对佩花仙女说："我刚刚呼唤你，你没有听见吗？"环玉天子感到困惑，因为神仙眷属心意相通，从来没有呼唤而未回应的情景。

"环玉，我刚刚物化了，降生在人间。"

环玉天子大为惊奇："这是真的吗？你在人间多久的时间？"

"我在母亲的腹中十月才出生，十六岁被嫁到附近的人家，生了四个孩子，行各种善事，拼命做功德，我祈求能和你相会，所以又在曼陀罗树上化生了。"

"人的寿命有多长呢？"环玉天子问。

"人的寿命最多百年，百年等于我们三十三天的一昼夜。"

环玉天子又问："那么，人在一百年内都做些什么？"

"人的一百年，有三分之一的时间用来睡眠；另外，有三分之一的时间用来追求衣食、满足欲望；其余的三分之一时间，用来生气、愤恨、追悔，以及互相批评、仇视、斗争。大多数人都是这样的过了一生，然后哭哭啼啼地死去。只有极少数人会花时间欣赏美丽的事物，发展心灵更好的境界，追求有温柔品质的爱。”

环玉天子听到妻子谈到人间的情景，心情大为激动：

“难道那些世间的人，他们不会因为生命短促而警觉，去做一些有意义的事吗？”

佩花仙女说：“不会的，大部分人都醉生梦死，就好像他们既不会老也不会死，只有到将死之际才会悲哀地啼哭！”

环玉天子与佩花仙女，谈到世间那些寿命短促的人，不懂得过爱与美的生活，不知道去做有意义的事，内心感慨万千。

佩花仙女说：“我们且不谈人间的事了，来！我来给你别一朵曼陀罗花。”

说着，佩花仙女从高大的曼陀罗树上飞下来。

当她飞到彩云铺成的地上，才发现自己踩不到云朵，整个身体犹如曼陀罗花飘落，穿过一层一层的云，往下坠落……

“啊——！”

曼瑰从梦中惊醒，环顾四周，发现自己不是在光明的天上，而是在黑漆漆的屋子里，身旁睡得正甜的最幼小的女儿，脸上还带着浅浅的微笑。

她想到丈夫为了谋取衣食，天还未亮，早就到田间工作了，披衣起身到院子里散步，一抹晚香玉的幽香流进胸腹。

“这是天上的梦呢，还是人间的梦？”

天空广大无边，一片沉寂，没有答案。

“天上是真实的？或者人间才是真实的？”

繁星点点，一片默然，没有答案。

当她这样自问的时候，第一道晨曦射穿彩云，透到人间来，四周的香气与声音也随着光，幽幽地醒转。

曼瑰还记得梦中的话：

“难道那些世间的人，不会因为生命短促而警觉，去做一些有意义的事吗？”

她想到生命虽然短促，如果能够欣赏美丽的事物，发展心灵更好的境界，追求有温柔品质的爱，百年也不会空过了。

听到孩子醒来呼唤妈妈的声音，她想：

“如果能过有意义的生活，人间就是天上！不能过有意义的生活，天上就是人间！”

据说曾有一个女人问一个大哲学家，是否愿意娶她为妻。

哲学家因为有思辩的习惯，就说：“让我想一想。”

因为他要想通和那美丽的女人结婚，到底有什么意义？他要想出所有赞成或反对的论点，然后才做结论。

他想了三年，终于做出一个最好的结论：“不论是好是坏，只有结过婚才知道结婚是好是坏。”

于是他去敲那女人的门。

她的父亲来开门：“你来做什么？”

哲学家说：“我想了三年，决定娶你的女儿为妻。”

父亲笑了，说：“太迟了！我的女儿早已结婚，而且生了一个孩子。”

我过了四十岁以后，经常想到人生短暂，活着就要及时、要珍惜，与其渴望那不可知的天界，不如好好地活在人间。

有一天梦中醒来，写了这个佛经里的故事。

爱情的离宫

所罗门王有一个非常聪明敏慧、美丽无比的女儿，所有的男人见了都会倾心而神魂颠倒。

为了给公主找一个可以匹配的王子，所罗门王日夜烦忧，食不知味、寝不安枕，睡着了还常被噩梦惊醒。

有一段时间，所罗门王都做了相同的噩梦，他梦到公主未来的丈夫，是一个完全无法与公主匹配的流浪汉。

心疼女儿的所罗门王担心噩梦成真，他决定把女儿带往海中小岛的一个离宫监禁，一直到他为女儿找到如意的王子，再带公主回来成亲。

于是，公主被带往海中最远最远的小岛，监禁在墙壁最厚最厚的离宫里，周围砌了很高很高的墙，到处配置了很多很多的卫兵……

所罗门王亲自锁上离宫的大门，带了钥匙，放心地回到皇宫。

万万没有想到，所罗门王噩梦中的流浪汉真有其人，就在所罗门王带公主前往小岛的时候，他独自在荒野中流浪。

由于晚上太冷了，流浪汉只好钻进旷野中一只狮子的腐尸中睡觉。天刚亮的时候，飞来一只非常大的老鹰，它抓起狮子的毛皮和裹在毛皮里的流浪汉，飞到监禁公主的离宫上方，没有抓稳，他随毛皮掉在离宫公主寝室的阳台上。

那正好是公主被监禁，醒来的第一个清晨。

公主和流浪汉就这样一见钟情，深深地相爱了。

在我们的人生里，都希望一切都是有计划、有预期的，但是往往有许多因缘、许多情感、许多遭遇超过了我们的预期和计划。

出其不意的人生有好有坏，坏的是我们不能预设结果，好的是生命变得丰富而多彩了。

为什么人生往往超出我们的掌控？即使最有权势的所罗门王也无法掌控人生？

那是由于生命的能量永远在寻找出口，当它以智性为出口，就发展了文学、哲学、科学；当它以感性为出口，就发展了情爱、仇恨、因缘。如果把一切出口封闭，犹如孤悬于海上的离宫，那唯一的出口就会变得巨大而不可抵挡了。

与其创建离宫来堵塞不可预期的情境，不如使生命的能量全面发展，智慧与情感都得到全面发展的公主，她必会自主，创造更完美的人生。

飞龙刺青

有一个少年，看到电影电视上的大流氓身上都有刺青，心里觉得很欣羡："如果我也在身上刺青，也可以像那些大哥那么神气，而且以后也没有人敢欺负我了。"

他决定在身上刺一条五彩金龙，龙头刺在胸前，盘过肩膀、背部，缠绕一圈，龙尾巴则是在右小腿的后面。

少年对自己的设计感到非常得意，连做梦都梦见自己腾龙驾雾，在天空中飞翔。

探听到远方的城市有一位专门刺青的大师，少年不远千里去请求大师把龙刺在自己的身上。

大师听完少年的构想，也不禁赞佩少年的勇气。因为已经有很多年没有人做全身的刺青，何况刺龙刺凤是最细致的艺术，要刺上几万针才能完成，一般的流氓也要分很多次才完工，而眼前的少年却说："不要紧，您在一天里帮我完成吧！"

大师对少年说："刺一条龙需要许多时间做事前的准备，你一星期后再来吧！"

一星期后，少年依约前来，看到大师把工具、刺针、棉花、颜料一字排开，有等身长，少年吃了一惊："刺青需要这么多工具吗？"

大师叫他趴在床上，用酒精灯烧过的针，蘸了颜料，往少年的右小腿背扎下去。

“呀！”少年惨叫一声，从床上跳起来，“好痛呀！大师，您刺的是哪一个部位？”

“是龙的尾巴？”大师说。

“别刺尾巴了，尾巴好痛，先刺别的部位。”少年说。

大师再次叫少年趴好，以炙过酒精灯的针，蘸了颜料，往少年的背部刺下去。

“哎呀！”少年再度惨叫，从床上跃起，“好痛哇！大师，您刺的又是哪一个部位？”

“是龙的爪子。”大师说。

“甭刺爪子了，爪子好痛，先刺别的部位，不如龙身不要，只刺龙头好了。”

大师叫少年翻过身躺好，把酒精灯烤过的针，抹过颜料，往少年的胸前刺下去。

“哎哟喂！”少年惨叫着坐起来，“痛死了啊！大师，您刺的是哪一个部位？”

“是龙的牙齿。”大师说。

“别刺了，别刺了！没想到刺牙齿这么硬的地方也一样的痛呀！可不可以请大师先刺龙的角？”

大师笑起来，将手上的针丢在盘子里，说：“从来没有遇过来刺青的人，只刺了三针就喊停的。痛的不是龙，是你的身体，刺在任何地方都一样痛的。”

不知刺青痛楚的少年，腾龙驾雾的梦破灭了，但是在回家的路上，他想到："原来，当流氓要忍受这么大的痛苦，刺青还是最轻微的，被枪射中、被刀砍杀而死在街上，痛楚还要百倍于刺青，还是好好地做人比较划算啊！"

想到这里，他开心地唱歌回家，就好像坐在云上一样。

在电视上，看到了现在青年的流行。

他们流行在身上刺青。

刺青，从前是地痞流氓为了显示身份地位，或是黑社会分子用来标明帮派的，现在竟成为一种时髦。

他们也流行在身上打洞。

为了更酷更炫，他们戴耳环、眉环、鼻环，甚至胸环、脐环和舌环。

刺青和打洞都是非常痛楚的，听说打胸环和舌环的痛苦指数与妇女生产的疼痛是同级的，而且还会有发炎、溃烂，甚至致命的可能。

看了那则报道，使我整夜都在思索：什么才是真正的美？什么才是真正的特立独行呢？

真正的美是不盲从的，是在生活中体验到更深更广的部分，所以懂得真正的美，就不会随别人的音乐起舞。

真正的特立独行是不随众的，独醒者心有独行，正如狮子独步于荒野、神雕孤飞于大漠。

如果流行染发就喷得满头红发，流行刺青就刺得满身图案，流行打洞就打得屁滚尿流，只不过是一个流行的侏儒罢了！

欲望之钵

有一个乞丐，到全国最富有的富豪家门口乞讨。

平时，富豪家的红门总是紧闭的，即使打开的时候，也会站着两个门房，不要说是衣着破烂的乞丐，一般人也难以靠近。

但是，富豪是一位仁慈的长者，只要他出门时，看见可怜的乞丐，总会叫门房拿一些吃用的东西送给他们，所以，在富豪家门口远远的地方常有乞丐和穷人守望。

这一天，那乞丐也像平时，带着磨得光亮的钵，到富豪家门前去碰碰运气。

乞丐万万没有想到，富豪的家门没有紧闭，留下了一条小缝，也没有门房看守，他便大胆地从门缝里钻了进去。门里是一座大的宅院，围着宅院的是美不胜收的花园，那时正是春天，人间最美丽的花，像百合、玫瑰、牡丹、杜鹃、莲花、樱花都在花园中盛放。

乞丐从来没有见过如此美丽的景象，立刻被这非凡的美所震慑了。

“喂！你想干什么？”

乞丐被背后的喊声惊醒而回过神来，转头一看，原来是那位仁慈的富豪。

“我……我……我……我只是想来乞讨一些东西。”乞丐说着，捧起他手中那一个磨得十分光亮的钵。

“哦！你不用害怕，从来没有一个乞丐有机会和我站这么近，今天，你想要什么，我都会给你。”富豪笑着说。

乞丐说：“您不要答应得太早，也不要自满，您可能做不到，您可能会后悔的。”

富豪说：“你倒是说说看，你想要些什么？”

“您看看我手中的钵，只要能装满它，我就心满意足了，”乞丐说，“大人，您装任何东西进去都可以，唯一的条件是一定要装满它！大人，您现在还来得及说不呀！”

“哈！哈！……”富豪放声大笑，“你可能还不知道我是什么人吧？我是这个国家最富有的人，不要说在你的小钵里装满食物，就是装满钻石、珍珠、玛瑙，又有何难呢？好！我就答应你，纵使耗尽家产，我也会把你的钵装满，我决不会后悔的，你放心吧！”

富豪立刻叫唤家丁，到库房去取一箱金银财宝，把乞丐的钵填满。

说也奇怪，一整箱比钵大上几十倍的金银财宝全倒进去，钵也没有满出来。

富豪又叫家丁拿一整柜的绫罗绸缎，最华美的衣饰出来，把乞丐的钵填满。

说也奇怪，一整柜比钵大上几百倍的华美衣饰全倒进去，钵还是没有满出来。

富豪再叫家丁把家里所有的米粮酒菜扛出来，填满乞丐的钵。

说也奇怪，比乞丐的钵大上几千倍的食物全倒进去，钵依然没有满出来。

富豪不信邪，将所有的家丁召集起来，把家里所有的东西，不论是值钱的或不值钱的、有用的或无用的，全部塞进乞丐的钵里，难以想象的是，钵依然不满。

富豪不仅仁慈，也是非常守信用的人，他最后把整个庄园变卖倒进乞丐的钵里。钵，依然不满，好像永远也填不满。

到了黄昏的时候，富豪的一切都倒进钵里了，只剩下马路上两个乞丐，捧着一个钵——其中一个乞丐就是那个富豪。

已经一无所有的富豪向乞丐拜倒说：“您一定是神仙，带着神奇的钵来考验我、启示我的！请问神仙，您究竟要给我什么启示呢？请原谅我一再忽视您的提醒，自傲于自己的财富，请告诉我一个启示吧！”

乞丐把富豪拉起来说：“我既不是神仙，也没有什么启示，我只是一个最普通的，以前都站在您的家门口等待食物的乞丐呀！”

富豪说：“那么，可不可以请求您，告诉我这个钵的来历，这么小的钵怎么可能世上一切的东西都装不满呢？”

乞丐一边抚摸手上的钵，一边说：

“我是一个贫穷的乞丐，穷到连一个钵也买不起。有一天我在坟场里睡觉，无意中捡到一个死人的头盖骨，它的形状看起来就像钵一样，为了不让人看出它是头盖骨，于是我把钵磨得非常非常光亮。

“奇怪的是，这个头盖骨虽然小，不管放什么东西都无法填满它，就好像活着的人，世间的一切也无法填满他的头脑一样。这一路上行乞，这个钵已经使许多骄傲的富豪散尽家财了，大人，所以在一开始的时候，我才一再地提醒您呀！”

走高速公路南下，在中坜附近突然闻到阵阵恶臭。

到底是什么巨大的恶臭，可以穿越数百米钻进车里来呢？

等靠近一些，才看见一座庞大的垃圾山，大到难以想象，原来恶臭是从这里来的。

在台湾几乎每一个地方都有几座垃圾山，而且成长得比真正的山快得多，成为人们烦恼的问题。

比较少被思考到的问题是：垃圾山是从哪里来的？为什么现在的人垃圾量比从前大好几倍呢？垃圾的根源处何在？

垃圾是人的欲望所制造出来的，当我们的欲望加倍，垃圾也以倍数增加，而由于欲望只会越来越大，永远无法填平，所以在可预见的将来，垃圾山会日益增加，这世界会日益臭秽。

欲望是人的动力，人也很难无欲，但是我们应该对欲望有所观照、有所警觉、有所节制，特别是在路过垃圾山时，我总是想：生活还要简朴一些，物质还要精简一些，把欲望占满的空间腾出来，让一些空间给智慧吧！

会举重的跳蚤

一位动物学的博士，在拿到博士学位那天，就开始失落了。

他深信，所有的动物都和人一样，有很高的灵性，如果通过训练，也能做人一样的事情。

为了证明自己的理念正确，他开始训练一只跳蚤，让跳蚤举起一个比体重还重的哑铃。他想到如果完成了这种训练，在动物学界不知道将引起多大的震撼，内心不禁感到狂喜。

他以无比的细心和耐心，开始了跳蚤的训练课程，经过许多年，一再地失败。

由于他投入所有的时间训练跳蚤，没有时间和家人相处，不久之后，妻子带着儿女离开了他；他也没时间和亲友来往，成为一个无亲无故的人。

动物学博士的朋友就是满屋子的跳蚤，还有，一个附近酒吧中的酒保。因为，训练跳蚤的压力太大，他每隔几天，就会去酒吧里喝酒，酒保成为他唯一来往的人。

五年以后，博士的训练成功了，他终于把一只跳蚤训练到可以举哑铃了。他的内心欣喜若狂，想要找个人分享，却发现没有人可以分享他的快乐。

那是一个夜黑风高的晚上，他随即想到酒吧里的酒保，“就让酒保成为世界上第一个分享这伟大发现的人吧！”博士带着他的跳蚤，走进灯光昏黄的酒吧。

他点了一杯平常喝的酒。

就在酒保转过身去调酒的时候，博士为了给他惊喜，悄悄地将跳蚤——那只会举重的跳蚤——放在吧台上。

“来！博士，你的酒。”

博士用惊喜的声音大叫:“呀！你看，这里有一只跳蚤……”

酒保用迅雷不及掩耳的速度，“啪！”的一声，把跳蚤和它的哑铃，一巴掌打在吧台上，一边用抹布将跳蚤擦掉：

“对不起呀！博士，我一分钟前才擦过吧台的，这跳蚤不是本店的，一定是刚刚喝威士忌那个工人身上跳出来的。”

在我们的人生里，我们会习惯性地“陷入”，当我们陷入的时候，生命就会成为一个旋涡，使我们无法看清事物的实相。

因此，我们要训练自己养成“跃出”的习惯。凡事跳出来看，站在高远处看，这时才会看清自己对生命的执着是多么可笑，可笑到就像训练一只跳蚤举哑铃，而忽视了一切重要的事。

对于“跃出”的训练，禅宗的方法很有效。首先，是经常保持静心；其次，是在顺境时“笑里藏刀”，在逆境时“逆来顺受”。

“笑里藏刀”，就是即使在最欢乐的时刻，也能保持内心如刀刃一般锐利的机锋；“逆来顺受”，是在最坏的境况中，也能有好的心情来承受。

蜗牛角里争何事?

石火光中度此生！

倘若我们能葆有“跃出”的态度，就会看见生命的争夺与执着，就好像在蜗牛角里争斗，一生也只是石火电光般的瞬间！

狮子的奖品

狮子的喉咙被一根骨头卡住了，非常痛苦，到处央求动物把喉咙里的骨头取出来，却没有一只动物愿意冒这个险。

狮子便向森林中的动物宣布：

“不管是谁，只要能把我喉咙里的骨头取出来，我就送给它一生最丰盛的奖品。”

有一只白鹤听了，很心动，于是叫狮子张开嘴，白鹤把头整个伸进狮子的喉咙中，用又尖又长的喙，取出了骨头。

当白鹤把骨头取出之后，狮子什么话也没说，摇摇尾巴就走了。

白鹤感到纳闷，赶紧跟上狮子，小心地问：“狮子先生，您是不是忘了一件事？”

“什么事？”狮子不耐烦地说。

“您不是说，不论是谁取出您喉咙里的骨头，就会给它一生最丰盛的奖品吗？现在，您要给我什么奖品呢？”白鹤更小心翼翼地问。

狮子大笑起来：“你把头伸入我的嘴，还能活着出来，就是我给你的奖品呀！你可以向其他动物夸耀，你从这么大的危险中活着回来，你的一生再也没有比这更丰盛的奖品了。”

白鹤听了，非常欢喜，欢喜于自己的重生。

在我们的人生，有许多时刻会面对危险、挫折和打击，有时像从狮子口中取出骨头一样危难，因此在渡过难关时不要怨恨，能够活着，就是生命最丰盛的奖品了。

口臭的金鱼

有一个渔夫，在大湖里捕到一条金鱼。

这是一条名副其实的“金鱼”。它全身是金黄色的，有着炫目的光泽；金色的鳞片上，还滚着银色的边，更显得无比的华丽。

渔夫捕了一辈子的鱼，从来没有见过如此美丽的金鱼，于是，把这条鱼献给了国王。国王也从未见过这么美丽的金鱼，将它和其他的金鱼，一起养在皇宫的鱼缸里。

说也奇怪，自从养了那条美丽非凡的金鱼，整个皇宫都弥漫着一股恶臭。国王命人追查原因，才查出原来是金鱼的口里发出的恶臭，只要那条金鱼张口呼吸，口中的臭气就会穿出水面飘散出来。

国王的内心非常疑惑，他想着：“这金鱼的美丽乃是人间罕有的，照理说这么美的金鱼不会发出这种人间少闻的臭气才对呀！到底是什么原因呢？”

后来，国王访求到一位精通鱼语的人，这个人可以听懂鱼的谈话，国王就命他追查金鱼口臭的原因。

精通鱼语的人在鱼缸外，静静倾听了许多天，终于找到金鱼口臭的原因。

他去禀告国王：“大王，我从金鱼的谈话中得知，一般的金鱼性情温和，都是讲好听的话；这只美丽的金鱼却喜欢恶言恶语，说的都是批评、咒骂、讥讽、贬损其他金鱼的话语。这些话从它的嘴里吐出来，化成臭气，才会使皇宫弥漫着臭气呀！”

“这么臭的鱼，实在没有资格住在皇宫里！”国王心里想着，于是差人把那条美丽却口臭的金鱼，倒进臭水沟里去了。

到一个餐厅吃饭，邻桌坐着一群衣冠楚楚的男女，他们的穿戴比一般人豪华得多，但是抽烟、喝酒、大声喧哗，使整个餐厅弥漫了一股浊气。

更可怕的是他们口里吐出来的语言。他们的言谈粗鄙，全是批评和诽谤，每个人一开口，都会先吐出一句“三字经”……那些话在混浊的空气里，变成了恶臭，使我们坐立不安，落荒而逃。

我感到非常疑惑，现代人非常重视口腔的芳香，每天漱口、刷牙，甚至嚼口香糖、以药水漱口、喷口气清香剂。但是，为什么很少人重视语言的芬芳和纯净呢？粗鄙和丑陋的语言所散发的臭气，远胜于口腔不洁的臭味，而且散得更快、飘得更远。

我想到，在佛陀时代，舍卫国的渔夫捕到一条漂亮的金鱼，它漂亮无比，却口臭难耐。

渔民大惑不解，带着这条鱼去请教佛陀。佛陀观见了这条鱼的前世，原来是一个叫作迦毗罗的出家人，他常为大众宣讲佛法，有非常好的名声和荣耀；但是他看不起其他的出家人，总是咒骂批评别人，他投胎以后，变成这条漂亮却口臭的金鱼。

佛陀说：“迦毗罗曾向大众教导奥妙的佛法，所以有着美丽的金色鱼身；但他诽谤、辱骂其他的比丘和法，所以才会口臭难闻呀！”

我认为，要判断一个社会或一个人是否文明，不是从财富、教育，或甚至艺术的发达来评定，而是从社会和个人所使用的语言来检定的。如果全社会的人，都会用更优雅、更柔软、更美好的语言说话，那才是文明的社会，空气里才会有文化的芬芳。

从餐厅回到家里，我写了这个寓言。

父母无用国

有一个国家，认为年纪大的老人，既无法工作，又不能养家，是完全没有用处的。

那个国家的人，一等到父母年老再也不能工作的时候，就在前庭后院随便挖一个坑把他们活埋了，日子久了大家习以为常，这竟成为一种风俗和律法。

有一个年轻人，从小就特别有慈爱的心，看到这种奇怪的风俗，心里就想："即使是阶前的一只蚂蚁都不忍伤害，怎么可以将父母亲活埋呢？"

由于他的慈心，到远方去习医，很快就学成了，但他返乡的时候，父母却已经老了。

邻居经常跑来劝他："你的父母已经老了，怎么不快把他们埋了，他们这样走来走去，实在有碍观瞻呀！"

关切的人越来越多，甚至惊动了官府，大家对他不活埋父母都非常不满。

医生非常苦恼，他既无法抵挡舆论的批评，也不愿活埋父母。于是偷偷地在房子的后院挖了一个地下室，舒适一如父母原来的卧室，将父母安置在里面，每天晨昏定省也像往常一般。

对外面的人则说："我昨天选了一个吉时，已经把父母埋了。"

众人听了都感到欣慰，因为他们忍受这一对无用的老人出现在街坊，已经很久了。

有一天，国王生病了，到处访求名医诊治无效，最后找到这位医生，他的医术高明，很快就把国王治好了。

国王说：“你医好了我的病，我不知道要赏赐什么给你。这样吧，你有什么要求，我都会答应你。”

医生说：“其实治好大王的病并不是我的功劳！”

“这话怎么说呢？”

“这是我父母的功劳，如果他们没有生我、育我，让我去学医，今天也不能治好大王的病。所以，我请求国王废除将年老父母活埋的法律和风俗，因为父母虽然年老无用，他们的恩情却是永远存在的。”

国王听了，感到很有道理，就把活埋父母的律法废止了，从此，在这个国度里，父母不担心被活埋，一般人也不担心年老了。

住在安徽合肥的饭店里，早晚进出时都会在电梯里遇到一对对的外国夫妇。

奇怪的是，他们总是怀里抱着婴儿；更奇怪的是，他们怀里的小婴儿是黄肤黑发黑眼珠，道道地地的中国小孩。

这种现象引起了我的好奇，经过询问，才知道这些外国夫妇分别来自美国、加拿大、欧洲诸国，是千里迢迢特地来领养中国儿女的。

外国夫妇为什么要跑到中国来领养孩子呢？大陆长久以来施行一胎化政策，孩子生得比欧美国家还少，小孩个个都是宝，怎么会有多余的孩子让外国人领养呢？

问了安徽的朋友才知道，大陆施行一胎化政策固然严格，却无法完全禁止多生小孩。有些需要劳动人口的农村和偏远地区，生了女婴常会弃置不顾，一直到生出男丁才停止生育。

何况大陆社会日益开放，未婚生子的问题日渐严重，每年都有大量婴儿出生，政府虽成立了收养机构，还是无法解决弃婴问题，最后才开放给外国人收养。

“但是，外国人为什么不领养自己本国的弃婴和孤儿？不领养白种人或黑种人？跑到中国来领养孩子，这不只是路途遥远，也会有许多种族和文化的适应问题。为什么他们独独钟情于中国孩子？”

朋友说，刚开放领养时，主办的人也有同我一样的疑惑，后来还做过调查，结论却出乎调查员的意料。

原来到中国领养儿女的外国夫妇一致认为，中国人的遗传基因里有“孝顺的因子”。中国孩子在未成年时与父母的关系较好，成家立业之后也懂得回馈孝敬父母，这在外国人的基因里是很少见的。

“即使是外国人也希望儿女孝顺，但在自己的国家可望而不可及，因此许多外国夫妇渴望有一个中国孩子，有的从登记到领养，光是排队就得好几年。每年，都有许多领养团到合肥来，非常热闹。听说越是乡下的孩子越受欢迎，因为乡下人的孝顺基因又比城里人的强呀！”

听完朋友所说的话，我的内心十分感动。从来没有想到作为中国人，血液里流着这么珍贵的孝顺基因，吸引许多外国夫妇不畏路途的遥远、手续的繁复、养育的艰辛、适应的困难，渴望领养一个“在世界各民族中流着最孝顺基因的儿女”。

在全世界都日渐稀薄的亲子关系中，在日渐崩解的长幼伦常中，对“孝顺基因”的肯定，格外地引人深思。

我相信，我们的文化里曾经有孝顺的传承，我们的血液里确实有孝顺基因，由于我们并不是特别提倡和珍惜，这基因也一点点地流失和稀薄了。当西方人千里迢迢来寻找中国儿女时，我们却反而逐渐走向西方的亲子模式，这样想着，使我忍不住在客居的饭店里叹息！

夜里，我坐在合肥的饭店里的灯下，想到合肥在 1949 年只是五万人的小镇，现在却是两百多万人的大城市，变动之巨可以想见，但希望不管这世界有多么大的变化，我们都要永远的孝顺、感恩、怀念父母呀！于是，我在灯下写了这个寓言。

两兄弟

在古代的以色列，某一个地方住着两个兄弟，都是非常勤劳的农夫。

哥哥已经结婚，有妻子儿女；弟弟还是独身。他们的父母过世时，把土地和财产平均分给两兄弟。

他们的土地上种满了苹果和玉米，因此，将收获的苹果和玉米，公平地分成两份，各自收在自己的仓库里。

到了晚上，弟弟想着："我只有一个人，日子很容易打发，哥哥有妻子儿女，生活比较艰难，我应该把自己得到的分量，再分一半给哥哥。"越想越睡不着，又怕哥哥不肯接受，于是趁着夜黑风高，把自己分得的苹果和玉米，搬一半给哥哥。

住在另外一边的哥哥，夜里也睡不着觉，他心里想着："我有妻子儿女，早就成家立业，只要和妻子同心协力，生活不成问题。弟弟还是孤家寡人，应该多为以后的日子做打算。"他也怕弟弟不肯接受，于是趁着星夜无光，将自己的苹果和玉米，搬一半给弟弟。

第二天早上，当他们走到仓库的时候，都吓了一跳，苹果和玉米丝毫不减，两兄弟以为自己做了一个非常真实的梦。

第二天晚上、第三天晚上也是一样，他们继续搬了三个晚上，每天起床都以为自己做了非常真实的梦。

第四天晚上，两兄弟彼此搬苹果和玉米到对方仓库时，竟然相遇了，兄弟俩同时扔下手中的作物，紧紧抱在一起痛哭了。

他们决定不分家，一起经营父母留下的土地。

这两个兄弟抱在一起哭泣的地方，后来成为耶路撒冷的圣地，直到今天都被传诵，也成为后代人朝圣的地方。

集集大地震后，台湾当局给受难的家属许多的慰助金（抚恤金）。

有一天，我看到一则新闻，有两个兄弟为了争夺被压死的父母的慰助金，以及倒掉房屋的补助款，当场发生激烈的争吵，甚至要殴打对方，要不是被旁观的人拉开，可能早就成为流血的事件。

这件事使我痛心不已，父母尸骨未寒，家园破碎尚未收拾，竟然为了抢夺牺牲了父母的生命家产所换得的钱，骨肉相残。这是人间的悲剧，它的凄凉犹胜过天地的无情。

其实，这不是偶发，近些年来，台湾的豪门里，兄弟争夺家产的激烈，也是让人瞠目结舌的。最近一两年，为了家产，兄弟刺杀致死的，也时有所闻。

看到这些新闻，我总会想起古代以色列的这一则寓言，虽然来自古代、远方的农田，仿佛让人闻到苹果与玉米的芬芳。

钱千万先生

从前有一个人，名字叫钱千万，他出生在富豪之家，所以父亲给他取了这个名字。

由于他的家庭太富有了，所以对钱财根本不以为意，加上乐善好施，常常帮助别人。亲戚朋友只要有金钱的困难，他总是全力帮助，到后来竟然散尽了家财，成为穷小子。

钱千万贫穷之后，有时没有饭吃，去向从前帮助过的亲友讨一顿饭，还常被拒绝；有的亲友虽然施舍饭菜，态度却十分轻慢，不把他当人看待。

走投无路的钱千万，最后只好满怀忧伤地离开家乡，到远地去生活。他变卖了父母留给他的传家之宝，用那笔钱做资本，开始努力地做生意。

二十年后，钱千万又成为一个富豪，他赚到的财富，百倍于父母留给他的家产，他就想带着家产回故乡。

钱千万造了许多马车，在装饰华丽的马车上堆满了物品，给车夫和佣仆都穿上华美的衣服，他自己则穿着平常的衣服，坐在第一辆马车上。他又雇请了乐队，沿路歌舞鞭炮，每到一个乡镇，就请人沿街宣传：

“势利村的钱千万从远方回乡了，带回了数不清的财宝。”

所以，钱千万回乡的事情，从他一出发时就传回故乡了。

居住于势利村的亲戚朋友，凡是与钱千万沾上一点边的，都想尽办法来迎接他。他们准备了各种美味的饮食、香味芬芳的花卉，还有许多的歌舞音乐，到路边去等候，他们心里想着："像钱千万那么慷慨好施的人，如果能接到我家来好好款待，一定会给我一些好处的。"

好不容易等到钱千万的车队来了，一大堆人迎上第一辆车，看到钱千万竟没有一个人认出来，亲戚朋友争着问他："钱千万先生坐在哪一辆车呢？"

钱千万说："我们老爷坐在后面的车里，可是不知道是哪一辆！"

亲戚朋友又奔向后面的车队，随便找个车夫就问："钱千万先生坐哪一辆车呢？"

车夫说："喔，我们老爷坐在前面的车里，可是不知道是哪一辆！"

亲戚朋友在车队里跑过来跑过去，形成了非常可笑的画面。

到后来，终于有人认出第一辆车那个穿着平凡的老人，正是钱千万，大家蜂拥而上，一面热烈地欢迎他，一面埋怨他："你就是钱千万，为什么告诉我们在后面，害我们在车队里跑来跑去，像傻瓜一样。"

钱千万说："我没有骗你们，真正的钱千万不是我，是后面马车上的财物才是钱千万呀！"

亲戚朋友说："你说的是什么意思呢？我们越听越糊涂！"

钱千万说："我贫穷的时候，向你们求一餐饭，而不可得，现在准备这么多好吃的食物来供养我；我落难的时候，向你们求一点帮忙，没有人应声，现在准备了这么多好听的音乐来迎接我……其实，你们迎接的并不是我，而是后面马车上载的财物呀！”

我很怕遇到一种人，他们递出来的名片有十几个头衔，光是要把他们的头衔弄清楚，就需要十几分钟。

我还遇过几个特例，他们的头衔多到必须把名片连成三折，里面应有尽有，简直可以当成年谱来读。

这使我经常想：为什么我们需要这么多头衔，才能确定自己的价值，也让别人确定自我的价值呢？如果把一切的头衔、名利、外在条件抛开，我们还有什么价值呢？

禅宗里说，见性的人就是见到父母未生前的本来面目。我不知道本来面目是什么，但我知道，如果不抛开、放下外在的装饰，本来面目是不会显露的。

我认识一个银行经理，每次遇到我都好心地说：“林老师需不需要贷款？我们银行可以用低利率借给你。”

我说：“好呀！如果智慧可以抵押，我就借一点。”

经理说：“不行不行，我们一定要有房地产抵押才能贷款。”

我说：“是呀！我早就知道你们看见的是抵押品，而不是我呀！”

买通死神的金币

有一个守财奴，生性非常悭吝，从来不会布施一毛钱。他对自己也十分小气，舍不得吃、舍不得用，只喜欢积聚金币。

他把屯积的金币，藏在一个秘密的房间里。每到夜里，什么事都不做，只是数自己收藏的金币，一直到数完，才能安心地睡觉。

这样的日子，整整过了五十年，他总共搜集了三万个金币。

有一天夜里，他边数着金币，边生起了一个想法：“我这一生，都在不断地聚集金钱，换成金币，从来没有过过一天好日子，也等于从来没有真正地生活过。现在我已经有三万个金币，明天开始，我不再累积金币了，我要好好地享受生活。”

当他正在想的时候，突然看见房间里站着一位黑衣老人，神态严肃、面无表情。

守财奴大吃一惊，以为有人来抢他的金币，大声呵斥：“你是谁？要干什么？”

老人说：“我是掌管死亡的死神，奉命来带你离开这个世界，你不用数金币了，跟我走吧！”

守财奴惊慌失措，因为他从来没有想过自己有一天会死，于是，他讨好地对死神说：“死神，我这辈子还没有真正活过呢！既然您已经来了，我不会让您空手而回。这样好了，我送您一万个金币，您让我多活三天，让我看看这个世界吧！”

死神淡然地摇摇头。

守财奴说：“您嫌太少？那么，我给您两万个金币，您让我多活两天！”

死神淡然地摇摇头。

守财奴说：“拜托拜托！我给您三万金币，我已经一无所有了，您让我多活一天吧！”

死神严肃地摇摇头说：“每个人死的时候都是一无所有的，少啰唆，赶快跟我走！”

守财奴跪下来痛哭流涕，哀求死神：“既然非死不可，我请求您，我送给您三万个金币，您让我多活三分钟，写几句话留给后代的人吧！”

死神笑着说：“好吧！我就让你多活三分钟。”

守财奴一边流泪，一边写着：

“世人呀！不要只想累积钱财，要好好珍惜生命、用心生活，因为总有一天，三万个金币也买不到一天的生命呀！”

与朋友在一起喝茶聊天，谈到台湾的九族原住民，他们的社会条件比较差、生存的环境难以发展，市政府应该给予更多的照顾，社会也应该多给予支援。

一位朋友说：“原住民不是九族，而是十族，我这一族也很需要政府照顾、社会支援呀！”

我问他：“你是哪一族？”

朋友说："我是心灵不满族！"

另一个朋友说："第十族是心灵不满族，那我就是第十一族了，我们这一族也很需要支援。"

"第十一族是哪一族？"

朋友大笑说："第十一族是存款不足！"

大家听了都为之绝倒，真实的人生不也是这样吗？存款永远不足，心灵永远不满足，所以，永远都在向外追逐、累积、聚集！

但是不管我们聚集多少的财物，终有一天，我们会两手空空地离去。因此，这还存在的生命、还能拥有的每一个日子，都值得加倍地珍惜、加倍地用心。

比驴子更驴

从前，有一位法师要举办大法会，由于法会需要一些供养的陶器。

法师把弟子叫来，给弟子一笔钱，吩咐他说："我们办法会时需要大量的陶盆陶器，你带着这笔钱，到街上去聘请一位制陶的师傅来庙里，帮我们烧制。"

弟子好不容易到街上找到一位有名的制陶师傅，当他走到制陶师傅家的时候，正好遇到师傅牵着一头驴子，垂头丧气地回来。

弟子就问陶师说："师傅，您是为什么如此悲叹懊恼呢？"

陶师说："我为了做出最好的陶器，花了一年多的时间，不断地试火、拉坯、研究，最后烧成一批自己很满意的作品，想带到市场去卖点钱，没想到这死驴子，横冲直撞，不到顷刻之间，就把所有的陶器都打破了。"

弟子听了，立刻对那头驴子刮目相看，他心想："这头驴子可真是棒呀！陶师用一年多才制成的陶器，它只要几分钟就全部打破了，它又跟着陶师那么久，烧陶应该没问题。我如果买了驴子回去，寺里的陶器不也转眼就制造好了吗？"

他和陶师商议买驴子的事，陶师高兴极了，马上就答应了，弟子于是把要聘请陶师的钱买了那头驴子。

当弟子牵着驴子回到寺庙，法师问他：

“我不是叫你去聘请陶师吗？你牵着一头驴干什么？”

弟子说：“师父呀！您有所不知，这头驴比陶师厉害得多了，陶师用很多时间制作的陶器，它花很少的时间就全毁了，我买它回来做陶器，一定也比陶师更快呀！”

法师气得说不出话，憋了半天才说：“你这个没有智慧的大笨蛋，简直比驴子更驴！这头驴子虽然转瞬间能打破所有的陶器，但是你就是给它一百年，它也做不成一个陶器。就像会大肆破坏的人，通常不懂得建造呀！”

去参观朋友的新家，最现代的设备，一应俱全。最新型的洗衣机、电磁炉、微波炉、洗碗机不用说了，墙上挂的是超薄型的液晶电视和一幅画那么薄的平面音响，屋顶上点的灯是超感应的，主人根本不必用手开关，走到哪里就亮到哪里。

进门口的玄关，特制一个典雅的木盒，放置着各式各样的遥控器，几乎所有的电器用品都不用脚了。

当我们坐下来喝茶的时候，我开玩笑地说：“可惜喝茶还要用到自己的手，如果有人直接把茶灌入喉咙就更完美了！”

朋友说：“那不就是病倒的废人吗？尽量利用现代科技的便利，是为了节省出一点时间呀！”

使我们不禁感叹的是，我们虽然把所有耗时费力的事情交给机器来做，人却还是很忙，甚至比农业时代的人还忙。我想到母亲用炭火烧饭、父亲用斧头砍柴；母亲到河边洗衣、父亲到田间拔草……那个时代，不见得比现代的人忙碌，也不见得比我们烦恼和焦虑呀！

为什么我们用无数的机器节省了许多时间，我们还是一样忙呢？我们那多出来的时间跑哪里去了？满街的速食店和满山的速食面，卖的不是食物，而是时间，然而我们买来的时间，又跑向何处？

我们并不是没有多出的时间，只是我们又忙了不同的东西吧！

深思起来，可以确定地说："纵使我们造出世界上最快速最省时的事物，我们还是一样忙的。"

为什么？

因为人人的心里都有一头驴子，这头驴子横冲直撞、任意奔跑，总是带着我们团团转。我们会这么忙，非关机器，而是比驴子更驴的心。

在我们的人生里，总有那么几回，一切都已顺当、心思也很平宁，多年烧制的美丽陶器都平稳地放在架上。

这时候，仔细看着，那头驴又跑出来了！

狐狸王的皇冠

有一个人发了善心，在旷野里挖了一口义井，希望那些路过的人、放牧牛羊的人，可以到井边饮水、洗浴。

为了方便行人，他还放了一个陶罐在井边，系了长绳，以便放入井中取水。大家感激他的义行，都非常爱惜这个陶罐和这口井。

有一天黄昏，一群野狐狸路过，看见这口井，也跑到井边喝残余的水，狐狸王就说："我是狐狸王，怎么能喝地上的残水呢？"

于是，狐狸王就把头伸进陶罐里喝水，没想到罐口太小，头拔不出来，只好把陶罐敲破，陶罐的缺口还套在脖子上，狐狸王大笑："你们看，这摔破的陶罐，正好当我的皇冠呀！"

有的狐狸就劝他："大王，这是为了方便别人而放的罐子，怎么可以随意打破呢？"

狐狸王说："我这样做是为了玩耍取乐，只要我喜欢，有什么不可以？"

有的行人到井边，发现陶罐被打破了，无法取水饮用，就对造义井的人说："你的罐子已经被打破了！"

那个人又放了一个新的陶罐，但是没隔多久，又被狐狸王打破了。虽然其他狐狸会劝阻他，他却不听，反而说："我会成为历史上戴过最多皇冠的国王，我现在已经戴过十四顶皇冠，只要我喜欢，有什么不可以呢？”原来，狐狸王已经打破了十四个陶罐。

造义井的人心里很恼怒：“到底是谁总是把罐子打破呢？我得去查看一下！”于是他躲在远远的地方观看，终于发现是野狐狸干的好事。

他心生一计，做了一个坚固的木罐，大小和陶罐一样，他把木罐放在井边，拎着一根木棍躲起来等着。

像往常一样，野狐狸群到井边饮水，狐狸王说：“太好了！我又有一顶新皇冠！”他把头钻进罐子里喝水，喝完了唱着说：“只要我喜欢，有什么不可以？”然后用力地摔罐子。

这一次，不但罐子摔不破，头也拔不出来了。

这时候，造井的人拎着木棒冲过来，其他的狐狸一哄而散，狐狸王就被一阵乱棒打死了。

带孩子到基隆河边的河滨公园散步，原想借一辆公用的自行车来骑，才发现几百辆公用的自行车都消失了。

问了公园的人，才知道这些供人免费骑乘的自行车，都被人破坏了。有的被人带回家，有的被人随意丢弃，甚至有一些恶质的人，把整辆车丢到基隆河里，常常自河中捞起自行车的“浮尸”呢！最后，只好停止免费自行车的借用骑乘了。

听了这个消息，我感到心痛，想起以前下雨天，路边也有免费供行人过街的义伞，没有多久，也停办了。

为什么我们不能过着有公德的生活呢？是因为贪念吗？也不尽然！那把自行车推入河里的人，并不是因为贪念，但是，他究竟有什么心思呢？或者也只是因为“只要我喜欢，有什么不可以”！或者是为了比赛谁破坏了最多市政府的自行车！

我想起了《法苑珠林》中的这则寓言，但是拎着木棍在这个混乱的世间，好像也没有用了。

流氓钻洞

在偏远的海边村落，居住着朴实善良的百姓，其中只有一个我行我素、无恶不作的流氓。

这个流氓原来并不是那么坏的，只是因为大家的容忍，他越来越恶质。

流氓原来在赌场里当保镖，后来收取一些特种营业的保护费；慢慢攒了一些钱，就与警察合资开了赌场和色情场所；慢慢地认识了一些官员，被提名为县议员。

万万没想到，议员做了一阵子，竞选上了议长，所有的政府工程、学校工程，乃至道路、公园、桥梁、水沟都由他来承包。

从那时候起，那个地区所有的墙里面都叠着沙拉油的空桶，柱子里的钢筋变细了，并且塞满水泥袋和旧报纸……

那个流氓已经忘记自己是谁了，他自认为是那个地区的国王，想做什么都可以，老百姓没有人敢检举他，因为传说他曾当街杀人，害怕他报复。警察为了自己的利益，没有人会抓他；官员总是和他称兄道弟，选举时甚至送钱给他，帮他站台（拉票、声援造势的意思）。

有一天，流氓坐渡船要到另一个城镇，同船的人看见他都远远地让避。流氓坐在船中央的位置，他的头偶然碰到了船帆的绳子，他就从口袋里掏出一把刀，将船绳割断了。

帆船立刻失去了方向，在海中转来转去，同船的人非常担心，有的人就壮起胆子对流氓说：“你这样会害死大家的。万一船沉没了，你也不能幸免！”

“你在陆地上为非作歹也就算了，竟然到了海上、坐在船里漂荡，还死性不改！”

流氓听了，哈哈大笑：“你们要怎么样，不管在任何时间、任何地点，我想干什么就干什么，谁也管不了我！”

说着，他就拿起短刀，用力戳着船底，把木板船戳出一个大洞，一边还笑着：“这是我的座位，我想做什么就做什么呀！”

没有多久，整艘渡船在海上沉没了。

集集大地震和嘉义大地震之后，许多专家学者到灾区勘灾，都共同发现一件惊人的事，就是学校、政府等公共工程，震垮倾倒的情况比民间老百姓自己盖的房屋还严重得多。

这一点，和土耳其、墨西哥、菲律宾等国家相似；和日本大阪、神户，美国洛杉矶正好相反。在大阪、神户和洛杉矶由于公共工程坚固，防震系数为民间建筑的一点五倍以上，所以在地震时，倒塌的情况比民间轻微得多。

归结起来，我们的公共工程都是特权介入，层层转包，偷工减料、胡作非为在所难免，一旦遇到天灾，当然就灾情惨重。

更可怕的是，灾后的重建才刚开始，传说白道的黑特权、黑道的恶势力都已经介入了工程的发包。听到这个消息，让人想哭，这些人到了海上，坐在船里漂荡，竟还拿刀戳自己的船底呀！

希望之书

有一个人，他仅有的财产是一头驴子、一条狗、一盏油灯以及一本书，书名是《希望》。

有一天，他带着所有的财产出了远门，袋里装了书，左手提着油灯，右手牵着驴子，身后跟着狗。

到了夜里，他在路边看见一间草屋，决定在草屋里过夜。

由于时间尚早，他点起油灯，开始读书，没想到突然刮起狂风，把油灯吹熄了。

他只好躺下来睡觉。

没有多久，狐狸跑来，咬死他的狗。

又一下子，狮子跑来，吃了他的驴子。

他早上醒来，大吃一惊，立刻拿着书跑出了草屋。

当他到达邻近村落时，更为吃惊，因为夜里来了一群盗匪，把村民全部杀死了，村落几乎夷为平地。

这时，他开始为自己庆幸，因为，如果灯火没有被狂风吹熄，他一定会被盗匪发现。

如果狗还活着，一定会乱叫，也会引来盗匪。

如果驴子活着，也会骚动，而被盗匪发现。

如果狮子选择了吃人而不吃驴子，自己的性命也不能保全。

正因为失去了一切，性命才得以保全；反之，如果性命不在了，一切都保全，那又有什么意义呢?

他紧紧抱着袋里的那本书，终于领悟到："一个人纵使失去一切，也不能失去希望；一个人尽管身处绝境，也不能失去希望；只要活着，就有希望。"

九二一大地震后，我去探望一位医生朋友，他曾在地震后赴灾区义诊，回到台北后，人生观都改变了。

因为深刻地体会到无常，他花了一大笔钱，重新装潢自己的诊所，希望来看病的人，都能得到更好的对待，感受更大的尊严。他又把自己的家重新装修，希望自己也能过更人文的生活。

他说："大地震对我的启发是，要更积极、用心、深刻地过好每一天。"

我还有一个朋友，收藏世界名酒已经有三十年的时间，据说那些酒都是珍贵非凡，有的曾在拍卖场拍过数万美金的高价。

这样的酒，自己当然舍不得喝，只是摸摸看看，过了三十年。

地震的时候，几瓶酒震倒，摔破在地。虽然大部分的酒完好如初，他仍然心疼不已。

这一震，他想通了："枉费我以名酒收藏知名，要是到我死了，自己收藏的酒都没喝过，不是很可笑吗？要是地震时，所有的酒都被震碎，不是很遗憾吗？"

因此，地震过后，他每隔几天就会开一瓶价值数万元的酒来品尝，立志以后只收藏空的酒瓶，他说：“这么好的酒，喝在肚子里，比较实在，摆在墙壁上看，有什么意义呢？”

我们家的保姆告诉我，最近她在市场买菜，最好的菜色都卖得很好，因为市场里的大妈都说：“卡早都是俭肠聂肚，这也不甘吃，那也不甘吃，以后要吃得澎湃一点呀！（以前都是省吃俭用的，这也舍不得吃，那也舍不得吃，以后要吃得丰盛一点呀！）”

经过大地震，人人都像是劫后余生，即使最无感的人，人生观也多少有改变、有领悟。

不管怎么改变，领悟到什么道理，只要活着，就有希望，不是吗？

跋

在一个偏僻遥远的山谷上，有一个高达数千尺的断崖。不知道什么时候，断崖边上长出了一株小小的百合。

百合刚刚诞生的时候，长得和杂草一模一样，但是，它心里知道自己并不是一棵野草。

它的内心深处，有一个内在的纯洁的念头："我是一株百合，不是一棵野草，唯一能证明我是百合的方法，就是开出美丽的花朵。"

有了这个念头，百合努力地吸收水分和阳光，深深地扎根，直直地挺着胸膛。

终于在一个春天的清晨，百合的顶部结出了第一个花苞。

百合的心里很高兴，附近的杂草却很吃味儿。它们私下嘲笑着百合："这家伙明明是一棵草，偏偏说自己是一朵花，还真以为自己是一朵花，我看它顶上结的不是花苞，而是脑袋长瘤了。"

公开场合，它们则讥讽百合："你不要做梦了。即使你真的会开花，在这荒郊野外，你的价值还不是跟我们一样！"

偶尔也会有飞过的蜂蝶鸟雀，它们也会劝百合不用那么努力开花："在这断崖边上，纵然开出世界上最美的花，也不会有人欣赏呀！"

百合说："我要开花，是因为我知道自己有美丽的花；我要开花，是为了完成作为一朵花的庄严生命；我要开花，是由于自己喜欢以花来证明自己的存在。不管有没有人欣赏，不管你们怎么看我，我都要开花！"

在野草和蜂蝶的鄙夷下，百合努力地积聚内心的能量。有一天，它终于开花了，它那灵醒的白和秀挺的风姿，成为断崖上最美丽的风景。

这时候，野草与蜂蝶再也不敢嘲笑它了。

百合花一朵一朵地盛开，每天花朵上都有晶莹的水珠，野草们以为那是昨夜的露水。只有百合自己知道，那是极深沉的欢喜所结成的泪滴。

年年春天，百合努力地开花、结子。它的种子随着风，落在山谷、草原和悬崖边上，到处都开满洁白的百合花。

几十年后，远在百里外的人，从城市到乡村，千里迢迢赶来欣赏百合花。许多孩童跪下来，闻嗅百合花的芬芳；许多情侣互相拥抱，许下了"百年好合"的誓言。无数的人看到这从未见过的美，触动内心那纯净温柔的一角，感动得落泪。

那里，被人称为百合谷地。

不管别人怎么欣赏，满山的百合花都谨记着第一株百合的教导：

"我们要全心全意默默地开花，以花来证明自己的存在。"

学生时代，我曾经参加学校的山地服务团，和一些志同道合的

朋友，到东部山区去辅导原住民的小朋友，有一段时间住在南澳。

我带的小朋友非常纯真可爱。他们经常带我去一个断崖和谷地玩耍，那里遍开着野百合花、月桃花、野姜花和酢酱草花，空气中总是弥漫着无边无际的香气。

月桃、野姜、酢酱草是常见的，但我这辈子第一次看到那么多的百合花开在一起。南澳的野百合特别不同，有时一朵花梗上竟开出十几朵百合，所以，到处都是一簇簇的白、一丛丛的小喇叭。

每一次，当我随着小朋友跪下来，双手捧着百合花闻嗅，香气盈满我的每一个细胞，都会使我感动得泫然欲泣。深深感觉到，天地间的美好事物，不必言说，就有着深情的启示。

后来，我知道百合花是东部地区原住民的圣花，是猎人狩猎丰收返家时欢迎的礼花，也是情侣永结同心时祝福的花环，更是祭祀时供养诸神纯善的象征。

了解到百合花深蕴的意义，每回到那百合谷地，心情虔敬而无染，就像从心里开出了一株春天的百合。

在我过往的人生里，时常在遇到困境与挫折的时候，会不自觉地想到那片百合谷地，那是因为知道自己的内心有纯粹与灵醒的白。

不知不觉间，我已在自己的心田上种植了一片“百合谷地”。

我不只希望别人看我种的百合，也希望人人在心里都有种百合的空地、余暇与心情。

去年，我写了一系列寓言，在《中华日报》副刊逐日连载，并结集出售。不论是刊登之时或成书之后，反应的热烈出乎我的意料，这使我更确定了：不论时代如何变迁，我们都需要更多有启示的故事。

写作这些寓言时，得到妻子淳珍最大的支持与鼓励，许多故事是我们一起发想的。而我的一双小儿女亮语、亮云，正是最可爱天真的时候，他们的欢笑，也成为我灵感的泉源。这使我更确定了：在我们有限的人生里，保持天真的心，找到真实的爱，才是生命里最重要的事。

我想到佛教有一部《百喻经》，是由僧伽斯那尊者所编纂的。他原来把这部经称为《痴华鬘》，我把它译为“用有趣的寓言来装饰智慧的花环”。智慧是人生的药，寓言则是易于吞服的糖衣，好的寓言，应作如是观。

尊者在《痴华鬘》最后写了一首长偈，最后四句是：

如阿伽陀药，树叶而裹之。
取药涂毒竟，树叶还弃之。
戏笑如叶裹，实义在其中。
智者取正义，戏笑便应弃。

“阿伽陀药”是可以去除一切疾病的无价灵药。意思是，寓言仿佛能除百病的灵药，用树叶包起来，取出灵药涂在人生的毒疮上，就可以把树叶丢弃；游戏好笑的故事像包药的树叶，实义的妙药就在里面。

有智慧的人读了这些故事，取出真实的义理对治人生的病毒，就可以丢弃戏笑的树叶了。

但愿读者在生命中时时的低谷，能在读这些故事时，电光一闪，看见夜空的明星闪烁；或者在生活中常常流来的低潮，石火一耀，感受到玄奥的暖流。

当我们灵明闪耀的时刻，在空中遥远的某处，或在心里深邃的某个角落，一株百合，又开花了。

林清玄
二〇〇〇年
台北双溪清淳斋